LECTURES

SUR

LES DÉCOUVERTES

ET LES PROGRÈS

DE L'INDUSTRIE ET DES ARTS

LIVRE DE LECTURE A L'USAGE DES ENFANTS

DE ONZE A QUINZE ANS

PAR

M. LABARE

OFFICIER DE L'INSTRUCTION PUBLIQUE.

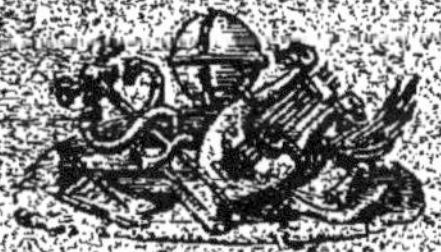

PARIS

NOUVELLE LIBRAIRIE CLASSIQUE

EUGÈNE BELIN, LIBRAIRE-ÉDITEUR

RUE SAINT-SULPICE, 25.

LECTURES

SUR LES DÉCOUVERTES

ET LES PROGRÈS

DE L'INDUSTRIE ET DES ARTS

Sartis

MÊME LIBRAIRIE.

MÉTHODE DE LECTURE ou procédé facile pour apprendre à lire d'une manière conforme à la marche naturelle du langage, ouvrage approprié au goût et à l'intelligence des enfants, par un ancien instituteur, in-12 cartonné.. 30 c.

EXERCICES DE LECTURE, du même auteur, in-12 cartonné.   30 c.

FABLES ET MORCEAUX CHOISIS de divers auteurs, mis à la portée des enfants, par le P. Champeau, salvatoriste, ancien supérieur de petit séminaire. 1 vol. in-18 cartonné... 1 fr. »

RECUEIL DE DIALOGUES à l'usage des enfants, par le même auteur. 1 vol. in-18 cartonné... 1 fr. »

CORBEILLE POÉTIQUE DU JEUNE AGE ou recueil de leçons littéraires, morales et religieuses, empruntées à nos meilleurs auteurs anciens et modernes, par M. Buron, professeur, in-18 cartonné..................... 90 c.

LES VACANCES EN FAMILLE, récits historiques, anecdotiques et légendaires, pour édifier, instruire et récréer la jeunesse, par le même auteur, in-12.. 1 fr. »

ARITHMÉTIQUE ÉLÉMENTAIRE, par M. Dublanchy, maître de pension à Paris, in-12 cartonné... 1 fr. »

ARITHMÉTIQUE DES JEUNES ÉLÈVES, par M. Demkès, 1 vol. in-18 cartonné.. 75 c.

Corbeil, typogr. et stér. de Crété.

LECTURES

SUR

LES DÉCOUVERTES

ET LES PROGRÈS

DE L'INDUSTRIE ET DES ARTS

LIVRE DE LECTURE A L'USAGE DES ENFANTS

DE DIX A QUINZE ANS.

PAR

M. LABARE

OFFICIER DE L'INSTRUCTION PUBLIQUE.

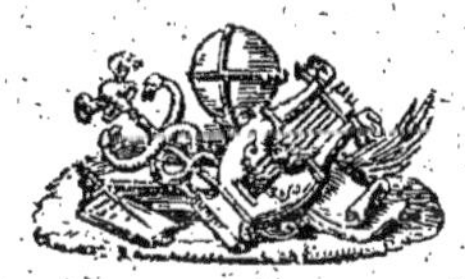

PARIS

NOUVELLE LIBRAIRIE CLASSIQUE

VICTOR SARLIT, LIBRAIRE-ÉDITEUR,

RUE SAINT-SULPICE, 25.

1858

Droit de traduction réservé.

[illegible]

[illegible]

AND

[illegible]

[illegible]

ATLAS

[illegible]

[illegible]

AVERTISSEMENT

Ce livre de lecture classique a été composé pour l'usage des enfants des écoles primaires qui, ayant déjà acquis les premières connaissances, en sont arrivés à pouvoir suivre un enseignement à la fois attrayant et instructif. Le tableau des arts et métiers, les progrès de l'industrie, l'histoire des découvertes, tout cela constitue, après l'enseignement de la religion, l'objet le plus intéressant qui puisse être offert aux élèves des écoles, destinés, pour le plus grand nombre, aux professions ouvrières. Il n'y a guère de chose plus utile que de leur donner, de très-bonne heure, des idées générales sur la répartition du travail dans la société, et de les aider ainsi à se déterminer eux-mêmes, lorsqu'au sortir de l'école ils sont mis en demeure de choisir un état.

Un résultat plus général, plus important, et qui appartient à tous, c'est l'intérêt moral et religieux qui ressort d'études élémentaires sur le progrès de l'industrie. Là, en effet, il y a lieu de considérer, d'admirer le génie, l'activité de l'homme qui a découvert tant de merveilles, qui a si bien obéi aux vues de la Providence, en exploitant, pour son usage et pour son progrès dans la vie de la société, les objets qui ont été mis à sa disposition et couvrent la surface, ou même se rencontrent dans l'intérieur de la terre. J'ai rappelé plus d'une fois ce sentiment dans le cours de ces lectures, en m'attachant à montrer aux enfants les bontés de Celui dont les cieux annoncent la gloire, et qui n'a pas dédaigné de préparer sur notre terre, à l'usage de sa créature choisie, les éléments de la vie qu'il appartient à l'homme de fertiliser par le travail.

Nous avons pensé que les enfants se sentiraient encouragés au travail par le tableau des forces de l'homme employées dans les arts industriels ; qu'ils reconnaîtraient la nécessité de prendre leur place et de garder leur rang dans ce mouvement qui entraîne au progrès de l'industrie ; et qu'enfin, le travail, qui a été imposé à l'homme après sa chute comme un châtiment, leur semblerait, par un effet de la clémence de Dieu, se changer en plaisir, soit en lui-même, parce qu'il y a toujours du plaisir dans l'énergique activité des forces de l'homme, soit par le bien-être qu'il procure et qu'il est toujours permis de chercher, même ici-bas, par de bonnes voies.

C'est en se soumettant à la loi du travail, qui est celle de Dieu ; c'est en exploitant la nature, que l'homme

là domine, cette nature, et se fait le vrai serviteur de
Dieu, qui en est le maître et seul lui commande en roi.
C'est par là, par le travail, qu'il nous est donné d'imiter
le divin Sauveur, qui a passé durant sa vie mortelle tra-
vaillant et faisant le bien. En suivant ce grand exemple, l'homme, surtout celui qui appartient aux classes
ouvrières, remplit sa tâche laborieuse, sa tâche de
chaque jour, et, quel que soit le résultat, il se perfec-
tionne de manière à se rendre digne de sa destinée fu-
ture, à parvenir auprès du Maître, qui ne fait accep-
tion de personne et reçoit tous ceux qui ont travaillé à
sa vigne avec une volonté ferme et un cœur soumis.

Il nous semble que c'est vers de telles pensées que
doivent tendre les ouvrages qui sont destinés à l'éducation élémentaire : instruire, intéresser, concourir à
amener les cœurs aux lois de la morale, aux sentiments
de la religion surtout, qui est la base de l'enseignement
élémentaire et de toute bonne éducation.

Peut-être les maîtres jugeront-ils que notre livre possède ces diverses sortes d'avantages. Il n'a pas de mérite de composition ; beaucoup d'ouvrages ont été lus,
analysés, extraits ; puis ces matériaux ont été généralement refondus, de manière, autant que possible, à
faire de cet ouvrage un résumé fidèle et assez avancé
des progrès et des découvertes de l'industrie, même
les plus modernes. Pour l'usage des classes un ordre
régulier a été suivi, une division en lectures numéro-

tées à peu près d'égale grandeur, des titres établis avec soin, des questionnaires, et enfin la méthode générale du livre, permettent au maître d'interroger les élèves, et de leur faire rendre compte de l'instruction acquise chaque jour. Puisse ce travail n'être pas dépourvu de quelque utilité pour l'instruction élémentaire !

LECTURES
SUR LES DÉCOUVERTES

ET LES PROGRÈS

DE L'INDUSTRIE ET DES ARTS.

CHAPITRE PREMIER.

LES TERRES ET LES PIERRES.

1. — La terre en général et ses trésors.

Dans son *Traité de l'existence de Dieu*, Fénelon fait
voir, avec une grande éloquence, ce que c'est que la
terre et comment elle contient des trésors que le génie
de l'homme est chargé de lui arracher. — « Quel est celui qui a suspendu ce globe de la terre, qui est immo-
bile? Qui est-ce qui en a posé les fondements? Rien
n'est, ce semble, plus vil qu'elle; les plus malheureux
la foulent aux pieds. C'est pourtant de son sein inépuisable que sort tout ce qu'il y a de plus précieux. Cette
masse informe et grossière prend toutes les formes les
plus diverses : rien ne l'épuise; plus on déchire ses entrailles, plus elle est libérale. Après tant de siècles, pendant lesquels tout est sorti d'elle, elle n'est pas encore
usée; elle ne ressent aucune vieillesse; ses entrailles sont

encore pleines des mêmes trésors. Il n'y a point de terroir si ingrat qui n'ait quelque propriété ; non-seulement les terres noires et fertiles, mais encore les argileuses récompensent l'homme de ses peines. Il n'y a presque point de terre entièrement ingrate, si l'homme ne lui demande que ce qu'elle est propre à porter. Tout sort de son sein, tout y rentre et rien ne s'y perd. Toutes les semences qui y retournent se multiplient. Confiez à la terre des grains de blé, cette mère féconde vous rendra avec usure plus d'épis qu'elle n'a reçu de grains. Voyez tant de métaux précieux et utiles, tant de minéraux destinés à l'avantage de l'homme ; creusez dans ses entrailles, vous y trouverez la pierre et le marbre pour les plus superbes édifices. Mais qui est-ce qui a renfermé tant de trésors dans son sein ? »

Le génie industriel de l'homme a tiré du sein de la terre les principaux objets qui servent à l'utilité et à l'ornement de nos demeures. S'il y a une si grande variété dans ce qui croît sur la surface de la terre, de quelle admiration n'est-on pas saisi quand on connaît tout ce qu'elle renferme au-dessous ! C'est de son sein qu'on a tiré les grès qui pavent nos rues et nos grands chemins, et ce gravier d'un jaune rougeâtre répandu sur les allées pour en bannir l'humidité et former un contraste agréable avec le vert tendre de la charmille. La porcelaine et la faïence de notre buffet, la poterie commune, d'un si grand usage dans la cuisine, les briques dont nos appartements sont carrelés, les tuiles qui couvrent nos toits, tout cela n'est que de la terre d'une pâte plus ou moins fine, pétrie et cuite au four. Nos verres et nos bouteilles,

les vitrages de nos fenêtres, sont du sable fondu. Vous avez vu bâtir des maisons? Eh bien ! la chaux, le mortier, le plâtre, le ciment qu'on a mis entre les pierres pour les lier ensemble et les affermir, venaient du sein de la terre. Ces pierres elles-mêmes, entassées les unes sur les autres jusqu'à une si grande élévation au-dessus de nos têtes, étaient ensevelies à de grandes profondeurs sous nos pieds. Il en est ainsi du marbre qui pare nos consoles et nos cheminées, et de l'ardoise qui couvre nos pavillons. Tous ces matériaux si divers sont des produits de notre globe. Voyons donc cela avec quelques détails, et considérons, en bénissant la Providence, ce que l'activité de l'homme produit avec de la terre, avec des pierres, c'est-à-dire avec les matériaux les plus vulgaires que Dieu a placés sous nos pas.

2. — Les briques, les tuiles, les ardoises.

Les plus grossiers objets appartenant à la surface de la terre, et dont l'industrie ait fait usage pour les besoins de l'homme, sont les argiles. On donne le nom d'argile à une terre pesante, compacte, grasse, molle, ductile, de couleurs différentes ou mélangées, qui se délaie dans l'eau et se durcit au feu. Avec l'argile, l'homme a trouvé d'abord deux choses : 1° les moyens qui pouvaient servir à lui construire des demeures ; 2° les poteries, les vases qui lui sont si nécessaires, ustensiles qui contiennent les liquides et d'autres objets. — Quant au premier objet, ce qui regarde le travail du bâtiment, on fait avec l'argile de la brique, des tuiles, et de la chaux. La brique est une sorte de pierre factice, de couleur rougeâtre, composée d'une terre argileuse bien pétrie, façonnée dans des moules ou cadres de bois, et cuite dans un four, où elle acquiert le degré de dureté qui lui est nécessaire pour les usages auxquels on la destine. La bonne qualité des briques dépend de la matière que le briquetier a employée et de la peine qu'il s'est donnée pour la travailler. Quand les briques sont formées, c'est-à-dire détrempées et foulées, on les expose au soleil pour les sécher à moitié, puis on les met au four pour les cuire et leur donner la dureté désirée. Les briques servent au pavage ; on les emploie encore à revêtir les constructions ; on en fait aussi des constructions entières. C'était l'ancienne manière de bâtir, dès les premiers âges de l'Orient, dans le centre de l'Asie. Les constructions de Babylone étaient en briques cuites au soleil ; on en voit de curieux échantillons dans les salles du musée assyrien au Louvre.

On appelle du nom de tuile une plaque de terre glaise pétrie et cuite, dont on se sert pour couvrir les bâtiments. On donne aux tuiles différentes formes : les unes sont plates ; telles étaient celles dont on se servait dans l'antiquité, et qui sont encore aujourd'hui assez en usage dans les constructions italiennes. Les autres sont creuses et destinées à s'emboîter les unes dans les autres. Cette façon, qui est celle dont on fait usage dans nos régions, est la meilleure et la plus favorable à l'écoulement des eaux. Dans les premiers âges, les maisons étaient couvertes en chaume ; c'est le genre de toiture le plus naturel ; on le trouve encore usité dans un grand nombre d'habitations villageoises ; mais ce mode indique la pauvreté, et l'invention de la tuile pour couvrir les maisons a été un grand progrès. Pourtant ce qui est bien supérieur, ou du moins plus beau que la tuile, c'èst l'ardoise, pierre argileuse, tendre, bleuâtre, qui s'exploite par feuilles et se tire des carrières appelées pierrières ou ardoisières, dont les principales sont aux environs d'Angers. La couverture d'ardoise, par sa forme, sa couleur, son éclat, est vraiment faite pour les palais des rois et les beaux édifices.

3. — La chaux, le plâtre.

Quand les hommes ont voulu bâtir des maisons et élever des murailles, ils ont senti la nécessité d'une substance qui pût servir à lier ensemble les pierres ou les briques. De là la nécessité de la chaux, pierre calcinée et cuite au four, qui se détrempe avec de l'eau et qui, jointe au sable, sert à opérer cette liaison. Si à la chaux on joint un mélange de sable et d'eau dans la proportion d'une partie de chaux vive et de deux parties de sable mis à l'état de pâte à l'aide de l'eau, on a le mortier, composé qui se durcit en séchant et qui adhère si fortement à la surface des pierres, qu'un mur entier semble être d'une seule pièce; mais cet effet n'a pas lieu si le mortier n'est pas bien préparé. Avec de la brique pilée et réduite en poudre, mêlée avec de la chaux et convertie en mortier, on a le ciment; c'est un composé qui rend les constructions très-solides. Le ciment romain, dans lequel il entrait certains ingrédients qui ne sont pas très-connus, est renommé par sa solidité; et maintenant, sur les ruines des constructions antiques, le ciment est aussi dur que les pierres elles-mêmes. — Une autre pierre calcaire, friable, qui se calcine au feu, et qui, étant cuite et pulvérisée, peut servir aussi à bâtir et à des usages analogues à ceux de la chaux, à crépir et blanchir les murs, est le plâtre : cette substance sert aussi aux arts, pour mouler des statues, des bas-reliefs et divers ornements d'architecture. —Une chose à remarquer, c'est que, dans des temps très-reculés, on bâtissait sans chaux, et l'on connaît encore les débris de constructions dites cyclopéennes formées de blocs de pierres, taillées d'une manière inégale, et qui ont résisté au temps quoique sans chaux et sans ciment.

4. — Les constructions.

C'est une chose bien admirable dans les vues de la Providence que la prédisposition de l'homme à la construction des habitations, aux travaux de l'architecture. La sagesse de Dieu, qui a voulu que les hommes ne vécussent pas comme les brutes, errant dans les bois, exposés à tous les périls; cette sagesse qui a refusé à l'homme seul la fourrure et les moyens naturels de se défendre contre l'intempérie des saisons, a voulu qu'il trouvât lui-même les moyens de suppléer à ce qui lui manquait. Les bêtes domestiques sont abritées par l'homme, les animaux sauvages ont leur abri dans les terriers ou dans les grottes que la nature elle-même leur a préparées. L'homme, avec beaucoup de travail, d'art, d'industrie, s'est construit des maisons commodes, il a bâti des cités : il a compris pourquoi Dieu avait jeté la pierre sous ses pas, et l'avait cachée à une certaine profondeur pour appeler le travail de l'homme. Un grand nombre d'ouvriers travaillent au soin de construire la maison. Rien qu'en ce qui concerne l'emploi de l'argile et celui des pierres, il y a le carrier, qui fait sortir la pierre de sa retraite ; le tailleur de pierre, qui lui donne une forme voulue ; le maçon, qui élève l'édifice ; il y a le chaufournier et le plâtrier, et par-dessus tous l'architecte, qui est un homme d'art, et qui, sans toucher lui-même à ces matériaux qui sont mis en œuvre, donne à tout son impulsion, conçoit l'édifice dans sa pensée, traduit cette pensée sur le papier par le crayon, et ensuite commande aux ouvriers de réaliser son œuvre, d'élever pierre à pierre l'édifice que l'architecte a conçu.

5. — La poterie de terre.

Ce n'était pas assez pour l'homme de s'être construit des habitations commodes, où il pût passer sa rapide existence, et d'avoir exploité pour cet objet les terres et les pierres ; il avait besoin d'une foule d'objets, soit pour compléter cette même habitation et la rendre capable de servir à l'abriter, soit pour les usages divers auxquels la vie d'ici-bas est occupée. Or nous voyons encore ici la terre, les pierres, les sables, etc. C'est ainsi que l'homme, poussé par la nécessité, a trouvé le moyen de tourner l'argile et, à l'aide de moules, d'en faire des vases. De là la poterie en terre. Cette industrie remonte donc aux premiers âges ; elle est venue en même temps que l'art de fabriquer des armes pour se défendre et des tissus pour se vêtir. Pour arriver à faire de la poterie en terre, il fallait avoir eu l'idée de faire cuire ces produits, afin de leur donner de la consistance et une certaine solidité, quelque fragiles qu'ils soient par leur nature. Cette industrie a été suggérée aux hommes comme nous allons le dire. Les premiers peuples ayant construit leurs habi-

tations avec de la terre mélangée de sable, de débris végétaux et de coquillages, ils n'ont pas tardé à reconnaître
que ces pâtes, séchées au soleil, acquéraient plus de
solidité; ainsi l'idée leur est venue de les faire sécher par
la cuisson, et d'employer non plus seulement les rayons
du soleil, mais le feu. Il en a été de même pour les vases;
on les a façonnés quand on a appris l'art de préparer
des terres cuites.

6. — Céramique ou poterie d'art.

On donne le nom de céramique à l'art de fabriquer
des vases de terre. Cet art a commencé en Orient,
où les peuples de l'Égypte et de la Chaldée, par la beauté
de la forme qu'ils donnaient à leurs vases, l'ont porté à
un très-haut degré de perfection. De l'Orient, la céramique est venue en Grèce, où sa splendeur a précédé celle de
la sculpture. Il nous reste de cette époque des vases en
terre cuite de toute beauté. Les poteries qu'on appelle
étrusques offrent une grande élégance de forme et de dessin; les unes sont noires et paraissent avoir été destinées
spécialement à contenir la cendre des morts; elles portent toujours des dessins d'une finesse remarquable; d'autres sont rouges et décorées de peintures en noir disposées d'une manière fort variée. — Depuis l'invasion des
Barbares, la poterie dégénéra peu à peu en Italie et chez
les peuples que les Romains avaient conquis. Cet art se
réveilla avec les Croisades, et, depuis ce temps, il s'est
rapproché de la perfection qu'il avait montrée dans l'antiquité. Les anciens n'avaient décoré leurs terres cuites
que de deux ou trois tons, toujours les mêmes; le noir,

le roux et le brun ; la céramique moderne a appliqué toutes les nuances à ses poteries ; ne trouvant pas exactement les anciens procédés, elle en découvrit d'autres qui valaient au moins ceux dont la tradition était perdue.

Ainsi, pour fixer les couleurs sur l'argile, elle eut recours à leur vitrification par la cuisson à une haute température, et c'est de là que date la première poterie émaillée ou, pour mieux dire, la première faïence. Beaucoup de villes italiennes, et en particulier la petite ville de *Faenza*, se signalèrent dans ce genre de poterie ; et c'est cette dernière ville qui lui a donné le nom de faïence sous lequel elle est encore connue. On appelle aussi du nom de maïoliques ces poteries émaillées qui, vers le commencement du quinzième siècle, avaient été confectionnées par des potiers partis de l'île de Majorque et installés dans le nord de l'Italie. Cette industrie était déjà ancienne à cette époque. Les carreaux émaillés et les vases de l'Alhambra, palais des rois Maures à Grenade, dont la construction remonte à la fin du treizième siècle, sont les plus anciens échantillons que l'on connaisse de ce genre de poteries. Mais ce fut vers le seizième siècle que se firent les plus belles. Le sculpteur florentin Luca della Robbia se fit surtout remarquer par la beauté de ses vases d'argile. Avant de livrer son argile à la cuisson, il savait la revêtir des formes les plus riches et les plus variées. Il employait à volonté toutes les couleurs, opposant surtout le bleu au blanc ; mais, vers le même temps, la France ne le cédait pas aux autres peuples, et, dans ce même seizième siècle, elle a, dans l'art de la poterie, un grand nom à opposer à ceux des potiers italiens.

C'était Bernard de Palissy. Après avoir lutté longtemps contre la misère, ce grand artiste devina les procédés de la peinture sur émail, que la peinture appliquait déjà depuis quelques années, et, après une longue suite d'expériences, il parvint à établir en France la fabrication de ces belles poteries tant admirées encore de nos jours dans les musées et dans les cabinets des curieux. Après la mort de Palissy, son style fut imité, mais ses imitateurs furent loin de l'égaler. En général, les ouvrages de Palissy sont des plats oblongs, d'un émail inaltérable, dans le champ desquels on voit en relief des herbages et des reptiles qui ont une vie, un mouvement extraordinaire; ses aspics glissent et menacent. Il faut convenir que ces reliefs ne rendent pas la vaisselle commode pour l'usage, et que les sujets que portent ces plats ne sont pas très-engageants. Aussi ils n'ont jamais guère servi que comme objets d'art; on en voit d'admirables au musée du Louvre et à celui de Cluny. — Depuis deux siècles on ne travaille plus les poteries dans le goût des maîtres italiens et français que nous venons de citer. Vers le commencement du dix-septième siècle, grâce aux nombreux voyages maritimes des Portugais et des Hollandais, les produits céramiques de la Chine et du Japon, introduits en Europe, obtinrent une faveur marquée sur toutes les autres poteries connues et fabriquées en Italie, en Allemagne et en France. Nous sommes amenés à parler ici des porcelaines, dont les beaux produits ont succédé à l'art des Palissy.

7. — Porcelaine.

La porcelaine est une sorte de terre très-fine, que l'on prépare et que l'on cuit sous différentes formes, et avec laquelle on exécute les vases qui portent le nom de cette terre, assurément les plus belles poteries ou vases de terre cuite en usage depuis trois siècles. C'est une industrie venue de la Chine. La faïence, si longtemps recherchée des grands et des riches, se trouva peu à peu abandonnée et laissée à la foule des consommateurs qui cherchent l'usage plus que la beauté dans les produits qu'ils emploient. Mais le commerce des porcelaines ne fut pas très-longtemps emprunté d'une manière exclusive à la Chine et au Japon. Ce genre d'industrie acquit toute son importance quand on eut découvert et pratiqué en Europe les deux sortes de porcelaines. La première est la porcelaine à pâte tendre, dont l'usage commença vers 1695 ; la seconde est celle de la porcelaine dure, inventée en Saxe en 1709, et qui porte le nom du pays où elle a pris naissance. La porcelaine dure présente une pâte très-épaisse et diffère de la porcelaine tendre, dont la pâte, plus abondante, est aussi plus faible et dont l'émail se raie facilement. Celle-ci, dans son origine surtout, se rapprochait, par sa forme et son aspect, des porcelaines chinoises. C'est en rivalisant avec les porcelaines de Saxe que la manufacture de Sèvres a obtenu, à partir de la dernière moitié du dix-huitième siècle, une si grande renommée.

Cette célèbre manufacture, d'abord établie à Vincennes en 1745, fut transférée à Sèvres dix ans après. Jusqu'en 1765, elle s'appliqua surtout à la fabrication de la porcelaine tendre. En 1765, on commença à fabriquer à Sèvres la porcelaine dure, et cette nouvelle fabrication atteignit bientôt une célébrité égale à celle dont les pâtes tendres jouissaient depuis nombre d'années. Au commencement de ce siècle, Brongniart, célèbre chimiste, mis à la tête de la manufacture de Sèvres, lui communiqua la plus grande impulsion, et lui donna de tels développements, que l'usine de Sèvres n'a rien dans l'Europe entière qui lui soit comparable en ce genre, sous le rapde l'industrie aussi bien que sous celui de l'art. Les produits de la manufacture de Sèvres sont connus de tout le monde. Ils ornent les plus riches offices dans les hôtels et dans les palais; ils se font admirer dans les musées. A l'Exposition universelle de 1855, quels qu'aient été les efforts des autres nations, rien n'égalait les magnifiques vases que Sèvres avait envoyés. Par l'effet des découvertes de la science, la pâte des porcelaines de Sèvres est devenue de plus en plus brillante, solide et pure; mais ce qui se fait surtout admirer dans ces vases, ce sont les formes élégantes qui rappellent l'art du seizième siècle, les riches couleurs, l'harmonie des lignes, les beaux dessins, en un mot tout ce qui dans cet art peut charmer les yeux et l'esprit, en même temps qu'offrir d'utiles produits aux besoins de la vie domestique.

8. — Produit du sable: le verre.

Nous venons de dire les choses belles et utiles que l'on produit avec cette terre que nous foulons aux pieds; c'est encore en exploitant les cailloux, mais surtout les sables, soit de carrière, soit de rivière, que l'industrie a produit une de ses plus intéressantes inventions. Il s'agit ici du verre et de ses emplois si multipliés. On avait remarqué que certaines terres et divers produits minéraux avaient la propriété d'être vitrifiables, c'est-à-dire que, par l'action du feu aidé d'un fondant, en particulier de l'alcali fixe, ils se transforment en un corps transparent et fragile, qui est proprement ce qui fut appelé le verre. Bien que les quartz, les terres siliceuses, les cailloux soient employés pour le verre, on peut dire que le sable seul est vitrifiable, en ce sens que les terres de cette nature, qui sont en masse, doivent être pulvérisées avant d'être exposées à la fusion. Quand une fois les substances vitrifiables sont bien pénétrées de la chaleur du feu, les ouvriers peuvent les façonner comme de la cire molle; on peut même les réduire en fil d'une finesse et d'une longueur extrêmes. Le verre a une utilité très-grande et très-variée. Les progrès de cette industrie, comme ceux de la poterie, ont aussi beaucoup d'intérêt; voici quelques détails sur cet objet.

Le verre était connu des anciens, mais la fabrication en resta longtemps tellement incertaine et si dispendieuse, qu'ils paraissent ne s'en être servis que pour un petit nombre d'emplois et surtout pour des usages de luxe. En laissant de côté les Chinois, chez qui la fabrication du verre remonte sans doute très-haut, il paraît que les premiers vases et les premiers miroirs en verre furent fabriqués à Sidon, en Phénicie. Les Sidoniens étaient parvenus à couler le verre en moule; ils en faisaient jusqu'à des colonnes, apparemment creuses, et qui paraissaient lumineuses pendant la nuit. Au rapport de Pline, ils furent les premiers qui soufflèrent le verre, le tournèrent et gravèrent sur cette matière toutes sortes de figures creuses ou en relief. Chez les Perses, avant le règne d'Alexandre le Grand, on se servait de vases de verre, et les ambassadeurs que les Athéniens envoyèrent à ce peuple rapportèrent cet usage parmi eux. Les Perses ont conservé depuis ce temps l'art de la verrerie. On fabrique à Chiraz le plus beau verre de tout l'Orient. Les Indiens, les Grecs, et même les Gaulois et les Espagnols possédaient des fabriques de verre avant qu'il y en eût à Rome. Ce fut seulement, comme on le croit, sous l'empire d'Auguste, que des verriers vinrent s'établir dans la capitale du monde. L'usage en était très-ordinaire sous l'empire.

On n'a pas retrouvé d'objets en verre que l'on puisse attribuer avec quelque certitude aux Phéniciens, aux Égyptiens, aux Étrusques ni aux Grecs; mais on en conserve un assez grand nombre qui viennent des Romains. On en trouve dans tous les musées et les cabinets d'archéologie, notamment au Louvre. C'était en général un verre peu transparent, d'une nuance verte. Le verre blanc, imitant le cristal de roche, venait d'Égypte et coûtait très-cher. Les ouvrages de verre les plus ordinaires qui se faisaient dans les verreries romaines consistaient en ustensiles de table, c'est-à-dire en pots, bouteilles, tassés et gobelets; on faisait surtout avec le verre de ces petites fioles nommées lacrymatoires, que l'on retrouve en si grand nombre dans les tombeaux des anciens, et avec lesquelles on recueillait les larmes versées aux funérailles. L'emploi du verre aux fenêtres, à Rome, paraît se rapporter au troisième siècle de l'empire. Avant que l'usage du verre fût établi, on fermait les ouvertures avec des espèces de jalousies formées de lames de pierres transparentes.

Ce ne fut guère qu'au temps de la renaissance, au quinzième siècle, dans les temps modernes, que l'usage du verre fut très-répandu, pour la table en particulier. On se servait généralement, au moins dans la vie usuelle, de coupes en étain et en bois, mais, au temps que je viens d'indiquer, la verrerie de table prit un grand développement, à Venise surtout. Les verres montés en or et en argent et enrichis de pierres précieuses n'étaient pas rares sur la table des rois et des grands, et maintenant dans les musées et dans les riches collections on admire la finesse exquise des vases de cette époque, connus encore sous le nom de vases de Venise. En ce temps, où l'industrie en tout point fait de continuels progrès, je ne sais si on ferait d'aussi beaux produits en ce gence que ceux du seizième siècle, en Italie ; pourtant, il suffit de s'arrêter devant les magasins des fabricants et des marchands de cristaux les plus renommés, dans la capitale, pour s'émerveiller à la vue des magnificences qu'ils étalent. — Quant aux procédés généraux de l'art du verrier, à la question de savoir comment se fabrique le verre, il faut voir par soi-même ; une explication serait aride et confuse. On peut se rendre dans une verrerie, à Saint-Mandé ou à Clichy-la-Garenne, et là étudier avec curiosité tous les détails d'une industrie qui a rendu de si grands services à l'homme vivant en société.

Il est en effet peu de substances qui soient aussi utiles à tous les besoins de la civilisation moderne que le verre.

Avec le verre on fabrique les lunettes pour conserver l'usage de la vue aux personnes dont les yeux sont fatigués; les télescopes pour pénétrer du regard dans les espaces célestes; les microscopes pour voir l'infiniment petit; le miroir pour fixer l'image des objets. Que de progrès le verre n'a-t-il pas rendus plus faciles à la physique, à la chirurgie et à l'histoire naturelle, par l'invention d'une multitude d'instruments! Enfin, dans l'intérieur des maisons, partout le verre sert à l'ornement et à la conservation des objets de luxe. Et tout cela sans parler de ces multitudes d'objets ordinaires, verres, bouteilles, etc., qui sont indispensables à la vie du pauvre comme à celle du riche. — Quoi de plus magnifique que ces lustres qui, dans les salons étincelants, ajoutent tant à la splendeur des fêtes! L'industrie moderne a fait des prodiges en ce genre. Tout le monde a admiré, à la dernière exposition universelle, le lustre de cristal envoyé par la fabrique de Baccarat, et qui ne pesait pas moins de 30,000 kilogrammes.

9. — Les glaces et les instruments d'optique.

Il y a en particulier deux genres d'industrie d'une haute importance dont le verre est l'objet. La première date du moyen âge : c'est l'invention des glaces et miroirs; les anciens se servaient d'un métal très-poli. Le monopole des glaces appartint longtemps aux Vénitiens; ils employaient pour cette fabrication le même procédé que celui dont ils se servaient pour le verre à vitre. Ce procédé était le soufflage. Il fut importé en France par Colbert en 1665; un peu plus tard, en 1688, on imagina de couler les glaces. Le coulage consiste à étendre, le plus régulièrement possible, sur des tables en cuivre et en fonte d'une surface parfaitement unie, le métal en fusion ; après quoi on fait passer sur la pâte encore brûlante un rouleau en cuivre très-pesant, qui aplatit et égalise la matière sur son passage. La glace est alors formée, mais elle n'a pas une solidité suffisante ; pour l'obtenir, elle ne doit se refroidir que par degrés. Il y a aussi d'autres opérations pour le polissage. Quant à l'étamage, il s'opère avec un amalgame d'étain. Le premier établissement de glaces coulées fut transféré de Paris à Saint-Gobain, près la Fère, où il existe encore.—Les miroirs de métal furent les seuls que connurent les anciens. C'étaient des disques en argent, en or, en fer bruni et en airain.

L'autre industrie qui a aussi pour base le verre est celle qui tient à l'optique, l'art de fabriquer des lunettes d'approche. Cet art ne fut guère connu que sous Louis XIII. Il paraît que cette découverte serait due au hasard. Déjà on se servait de tubes à plusieurs tuyaux pour diriger la vue vers des points éloignés, mais ils n'étaient point garnis de verres. Pour suppléer à ces tubes, des écoliers, jouant pendant l'hiver de 1609 sur une pièce d'eau gelée, faisaient usage de la partie supérieure de leur écritoire, qui, aux deux extrémités, était percée à jour. L'un d'eux, ayant mis sur ces extrémités des morceaux de glace, s'aperçut que les objets se rapprochaient ; il fit part de cette observation, qui donna lieu de penser que les verres produiraient le même effet. De là l'invention des télescopes, lunettes d'approche, etc. Néanmoins, il paraît que, dès le quatorzième siècle, un religieux italien, Alexandre

Spina, avait découvert les besicles, ou lunettes d'usage. La plus belle de ces inventions est celle du télescope, dont l'effet est de rapprocher et de rendre distincte l'image des objets éloignés, invention de 1609. On l'attribue à un opticien de Middelbourg. Les premiers télescopes n'avaient guère que 50 centimètres de longueur. Aujourd'hui on en fait de plusieurs mètres, qui ont une puissance prodigieuse. Un des plus gigantesques est celui de Herschell, avec lequel ce grand astronome a opéré d'admirables découvertes.

10. — L'émail.

Il a été assez question de l'émail dans les lectures qui précèdent, au sujet de la faïence et des poteries. Il convient de parler ici de cet objet, qui n'est autre chose qu'un produit vitreux, un verre calciné, avec un mélange de métaux et de sels, que l'on applique par le procédé de la fusion sur les poteries ou sur les métaux, tels que l'or, l'argent et le cuivre. La coloration des émaux se fait au moyen des mêmes substances qui servent pour les autres verres coloriés. L'art de l'émailleur est fort ancien. Dans les hypogées ou tombeaux souterrains de l'ancienne ville de Thèbes, en Égypte, on a trouvé des poteries émaillées de diverses couleurs; mais ce n'est qu'au troisième siècle de notre ère qu'on voit apparaître l'émail sur le métal. — On donne le nom d'émailleur à l'artiste qui travaille les émaux, qui en couvre et en orne certains métaux, ou qui fait à la lampe, avec le verre et les émaux, diverses sortes d'ouvrages curieux. On étend ce nom aux orfèvres, aux joailliers qui montent les pierres précieuses, aux artistes qui peignent en émail et aux faïenciers.

La lampe de l'émailleur sert surtout à ramollir le verre, et, sous ce rapport, elle est d'un grand usage dans les laboratoires de chimie. Autrefois on l'alimentait avec de l'huile, ce qui produisait beaucoup de fumée et une odeur désagréable. La science moderne y a substitué l'alcool.

11. — Les combustibles.

Voici maintenant un ordre de produits de la terre, bien différent et dont l'utilité, pour être plus vulgaire et ne pouvoir s'appliquer aux objets de l'art, n'en est pas moins grande pour les besoins ordinaires de la vie et pour la pratique elle-même de l'industrie. En effet, parmi les substances de l'intérieur de la terre qui sont les plus utiles, il faut compter en première ligne les combustibles, et d'abord le charbon de terre. Cette espèce de terre minérale fossile, qui est d'un noir très-foncé, s'allume avec beaucoup de facilité et donne une grande chaleur. — Mais le charbon minéral n'est pas seulement une terre; il y a aussi le charbon de pierre, espèce de pierre ponce de couleur noirâtre, mais moins spongieuse, plus dure et plus pesante. Il donne un feu vif et d'assez longue durée. On le tire particulièrement des carrières d'Auvergne et du Bourbonnais. — Le charbon de terre qui joue le plus plus grand rôle dans l'industrie est la houille, terre noire et grasse en usage surtout pour les forgerons. Il paraît qu'elle fut découverte dans le pays de Liége, vers l'an 1200. La houille se rencontre en grande quantité dans les mines du Creusot; les fonderies et l'exploitation des mines sont établies dans le vallon. On a regardé longtemps cette houille comme incombustible, et par conséquent impropre à toute espèce d'opérations de la métallurgie. Cependant, après beaucoup de tentatives, ce charbon a donné une telle chaleur qu'il a brûlé le fer. Il a été reconnu par là que cette houille est combustible sous l'action d'un fort courant d'air.

La plupart des combustibles naturels, tels que la houille, le jayet, le succin, etc., étaient autrefois désignés sous la dénomination générale de bitume; ce nom était synonyme d'inflammable. Les minéralogistes comprennent sous le nom de bitume toutes les substances qui ont la propriété de brûler avec flamme et de répandre une fumée épaisse d'une odeur spéciale et comme aromatique. Les bitumes sont tantôt liquides, tantôt solides : il y en a de glutineux, d'élastiques, de terreux; ils sont cependant tous formés des mêmes principes chimiques. Les naturalistes s'accordent assez généralement à regarder les bitumes comme le résultat de la décomposition de la multitude d'animaux et de végétaux enfouis dans le sol à diverses époques. — Le plus solide des bitumes est l'asphalte; il est friable, sa cassure est quelquefois luisante et quelquefois terne et raboteuse. Il est connu dans le commerce sous le nom de bitume de Judée, parce qu'on en recueille abondamment à la surface du lac Asphaltite, lac d'origine miraculeuse, célèbre dans les annales sacrées par la destruction des villes de Sodome et de Gomorrhe, et que les anciens appelaient mer Morte, à cause de la propriété qu'on lui supposait de faire périr les oiseaux par ses exhalaisons.

12. — Autres substances minérales : l'aimant.

Il y a encore d'autres pierres dans la nature, dont la propriété est moins importante sous divers rapports, mais qui ont donné lieu à des découvertes les unes d'une haute utilité, les autres bien curieuses. Une des substances les plus intéressantes parmi celles qui existent dans la terre est l'aimant, espèce de minéral à l'aspect métallique, d'un noir brillant, et qui a la propriété d'attirer le fer. Cette propriété de l'aimant était connue très-anciennement. On raconte que, dans le temple de la Mecque, les musulmans vont visiter le tombeau de Mahomet, qui est en fer et retenu à la voûte par une pierre d'aimant. Mais l'aimant a une autre propriété bien importante, celle de diriger les navires. Si l'on frotte une barre d'acier trempé avec un aimant naturel et qu'on la suspende librement par son centre de gravité, loin de toute masse de fer qui pourrait avoir une action sur elle, on remarque qu'une de ses extrémités se tourne constamment vers un point voisin du nord et s'abaisse en même temps vers la terre, de manière que l'aiguille prend une direction inclinée. On nomme déclinaison la quantité dont l'aiguille aimantée s'écarte de la ligne nord et sud, et inclinaison l'angle qu'elle fait avec la ligne horizontale.

Lorsqu'un navire a perdu la terre de vue, il n'a plus, pour diriger sa route, d'autres points fixes que les astres, qui eux-mêmes lui font défaut quand le ciel se couvre. Alors l'aiguille aimantée, indiquant toujours la direction du nord, donne le moyen de se diriger par tous les temps, le jour comme la nuit. C'est ce que l'on appelle la *boussole*. Cet instrument a été connu des Chinois de temps immémorial ; du moins s'en servaient-ils plus de mille ans avant Jésus-Christ. On a supposé que le Vénitien Marco Polo nous avait apporté cette invention ; mais ce voyageur ne fut de retour en Europe qu'en 1295, et dès 1180 il est parlé de la boussole, sous le nom de *marinette*, dans un vieux poëte de ce temps. Au reste, il paraît constant que l'usage de cet instrument ne fut un peu répandu en Europe que vers l'an 1300 ; c'est Flavio Gioja, d'Amalfi, qui inventa, à cette époque, non la boussole elle-même, mais le moyen de disposer l'aiguille aimantée, de manière à servir à tous les besoins de la marine.

Les anciens connaissaient l'aimant, mais ils ignoraient ses principales propriétés, et lui en attribuaient de mensongères. Les Égyptiens croyaient beaucoup aux propriétés médicinales de cette pierre. Cette idée même s'est perpétuée dans une antiquité moins haute et au moyen âge. Mais cet usage de l'aimant est depuis longtemps tombé en oubli ; néanmoins on le recommande encore dans les névralgies.—Les Grecs avaient donné à l'aimant le nom de pierre magnétique, et ils appelaient magnétique cette propriété qu'il a d'attirer le fer. Le magnétisme, cet agent inconnu que l'aimant possède, paraît maintenant être confondu avec l'électricité. Il ne faut pas le confondre avec le magnétisme animal, que l'on regarde comme un fluide inconnu, ayant la puissance d'exercer une certaine influence d'une personne sur une autre, par l'effet de divers mouvements de mains joints à l'énergie de la volonté. Le même nom a été donné à des ordres de faits si différents parce qu'ils ont cela de commun que des deux parts il s'agit d'une force qui attire.

13. — L'amiante.

Enfin une substance minérale très-remarquable par sa nature et par son emploi est l'amiante. C'est un minéral fibreux tantôt vert ou grisâtre, tantôt blanc, qu'on rencontre en masses souples et soyeuses, dans les fissures de certains dépôts calcaires. L'amiante semble s'enflammer au feu, mais elle ne se détériore pas. Les anciens faisaient avec l'amiante des nappes et des serviettes qu'on jetait au feu pour les blanchir ; des mèches qui brûlaient dans l'huile sans se consumer ; des linceuls pour les cadavres, afin de pouvoir recueillir leurs cendres sans qu'elles se mélassent à celles du bûcher. L'art de filer l'amiante a été retrouvé de nos jours en Italie ; on en a fait du papier et de la dentelle incorruptibles ; on en a même fait (et c'est là son véritable objet d'utilité) des vêtements servant à préserver les pompiers des premières atteintes du feu. Au reste, cette substance, autrefois très-rare et fort chère, est aujourd'hui assez commune ; on la trouve dans les Hautes-Alpes, aux Pyrenées, près de Baréges, et particulièrement en Savoie.

Nous avons fait connaître jusqu'ici, dans leur application à l'industrie, les principaux objets de la nature qui peuvent être regardés comme des terres ou des pierres. On a pu admirer la munificence divine qui a fait servir aux usages de l'homme cette terre qui semblait n'être destinée qu'à lui servir de marche pied. Remarquez que nous ne parlons pas des végétaux qui le nourrissent et qui croissent à la surface du sol, mais seulement de la terre en soi et des pierres que l'homme exploite, particulièrement pour les constructions — Il y a un double point de vuê qu'il ne faut pas oublier quand on considère la nature : d'abord ce que Dieu a donné, puis ce que l'industrie humaine a produit.

CHAPITRE II.

LES MÉTAUX LES PLUS UTILES ET LE GRAND TRAVAIL
DE L'HOMME.

1. — Les mines.

La Providence, en mettant à la disposition de l'homme tant d'objets si beaux, si nécessaires et si variés, en lui donnant la terre pour séjour et le ciel pour pavillon, a bien montré qu'un tel être était en effet pour elle une créature privilégiée. L'homme a entendu cette voix; le monde, tel que l'a formé après Dieu l'industrie humaine, est la preuve de cette admirable activité. Il est beau de voir comment il a transformé cette nature si riche et si féconde; comment il a su lui faire produire tout ce qui était nécessaire pour l'alimenter, pour le vêtir, pour l'abriter, pour tous les autres besoins plus ou moins impérieux qu'il doit satisfaire sous peine de ne pas exister. Ainsi l'homme, non content de recueillir les argiles à la surface du sol qu'il foule, a entr'ouvert la terre pour aller chercher dans les carrières les matériaux qui devaient servir à l'abriter; il en a tiré les pierres et les marbres, matériaux par lesquels la terre habitable est couverte d'habitations, de temples, de palais; les sables mêmes lui ont fourni leurs ressources, et ont donné naissance, comme les argiles, aux beaux objets qui viennent d'être décrits. Mais, avec ses ar-

giles, ses pierres et ses sables, la terre a d'autres produits
que la nature n'a pas mis aussi aisément à notre portée;
il y a des mines plus profondes que les carrières, les
mines proprement dites, celles qui fournissent les métaux, sorte de corps ductiles, malléables, fusibles au
feu, corps si nécessaires et à l'égard desquels s'exerce
le travail le plus utile et le plus pénible à l'homme.

L'idée d'exploiter les mines et de leur arracher les trésors qu'elles renferment, de deviner les services que les
métaux peuvent rendre à l'homme dans les divers besoins
qui l'assiégent ici-bas; le travail énergique auquel il faut
se livrer pour en tirer des résultats si considérables, pour
assouplir ces matières dures qui sembleraient inflexibles,
tout cela confond l'imagination, et montre bien que la
volonté de Dieu a inspiré l'homme en lui faisant découvrir ces merveilles. Il faut lire dans les voyageurs les
curieuses descriptions qu'ils ont faites de l'intérieur des
mines de fer, ou d'argent, ou d'autres métaux; on est surpris de ce qu'il a fallu d'efforts pour s'ouvrir des chemins
dans des masses aussi résistantes et en tirer des matériaux aussi durs par eux-mêmes, dont pourtant l'industrie a su faire tout ce que nous voyons. L'exploitation
des métaux est du reste si naturelle, qu'on la trouve presque au berceau des sociétés un peu civilisées; les peuples
sauvages ne la pratiquent pas, et c'est par là, en grande
partie, que se voit la différence de ces peuples avec ceux
qui connaissent les arts de la vie. On voit dans l'Écriture
sainte que, dès les âges les plus reculés, les hommes exploitaient les métaux; et, quelque loin que l'on remonte
par l'histoire dans la haute antiquité, on trouve les mines

exploitées, les métaux travaillés et appliqués à peu près à tous les besoins d'utilité et de luxe auxquels ils sont employés encore aujourd'hui.

2. — Le fer.

Les principaux métaux sont le fer, le cuivre, l'or et l'argent. Le fer est le plus essentiel de tous. La sagesse divine a mis ce métal partout sous notre main. Il ne faut pas creuser bien avant dans la terre pour le trouver ; les autres métaux qui nous sont moins nécessaires ne se rencontrent souvent qu'à des profondeurs plus ou moins grandes. A cet égard il faut remarquer comment la nature, qui est la loi de Dieu pour les choses matérielles, a tout organisé en faveur de cet être privilégié, toutefois sans lui épargner le travail indispensable. Le fer a été enfermé sous nos pieds, dans de vastes celliers, pour ainsi dire, où nous allons, avec bien des efforts néanmoins, le chercher. Cette profondeur où le fer est caché n'est pas inaccessible ; il est rapproché à dessein vers la surface, et l'homme peut descendre à volonté dans ces magasins où la nature tient en réserve sous le sol même qui le nourrit, les provisions d'un autre ordre, c'est-à-dire les métaux si indispensables à compléter son existence. Sous ce rapport, on peut dire que le sein de la terre est inépuisable, et qu'elle tient toujours au service de l'homme ses trésors cachés, pourvu que l'homme accepte le travail pénible de les faire sortir de leurs retraites. Le fer, le plus dur des métaux, fournit des ressources à tous les arts mécaniques, et à tous les métiers les instruments dont ils ont besoin pour abattre, pour affermir, pour creuser, pour embellir, pour produire, en un mot, la plupart des choses nécessaires à la vie. Il est employé dans les plus grandes dimensions, pour les ouvrages de la navigation ; dans le bâtiment on est arrivé en ce moment à bâtir des charpentes et même des assises de fer.

L'application du fer comme moyen de construction s'est multipliée de plus en plus. On l'a appliqué, dans ces dernières années, à la construction d'une église presque entière, l'église de Saint-Eugène, à Paris. Dans cette église, construite dans un genre gothique, piliers de la nef et des bas-côtés, nervures des voûtes, supports des balcons et des galeries, chapiteaux, clochetons, ornements, rosaces et cadres des vitraux, tout cela est en fonte de fer. Il en est de même dans les halles de nos marchés, dans les bazars, dans les gares ou embarcadères des chemins de fer. C'est enfin en prodiguant le fer que les grandes découvertes de notre siècle, les rails des chemins de fer et les fils des télégraphes électriques, ont pu être mises en état d'exploitation. L'usage du fer est si naturel, si instinctif chez l'homme, que les peuples, au début de leur civilisation, sont plus curieux de ce métal que de l'or et des autres métaux précieux. C'est un tableau qui se représente souvent dans les récits des voyageurs, que l'empressement avec lequel les sauvages se jettent sur les objets en fer qui tombent sous leurs regards. Malheureusement ce sont les armes qui les attirent, et ces hommes primitifs ne résistent pas à l'aspect des lances et des épées, surtout des armes à feu avec lesquelles ils ont trop vite fait connaissance. L'instinct de la parure et celui du meurtre se montrent promptement dans l'empres-

sement avec lequel l'homme sauvage se porte à l'acqui-
sition des métaux. Aussi est-ce dans l'état de civilisation,
et surtout dans le temps où nous sommes, qu'il faut applaudir à l'emploi du fer et aux grandes entreprises auxquelles le fait servir l'industrie moderne.

Nous ne pouvons énumérer ces objets; on n'a qu'à
ouvrir les yeux autour de soi pour voir les immenses résultats de l'industrie à cet égard. Voici un simple fait qui
montre quels instruments on a effectués avec le fer dans
une seule de ses applications, c'est-à-dire aux travaux de
l'agriculture. Un Anglais a construit, en 1852, aux frais
de la Compagnie d'émigration aux tropiques, et a fait agir
publiquement une machine à labourer, à creuser, à ter-
rasser, à remuer la terre avec une force de cent bras.
Cette machine, qu'un journal anglais désigne sous le
nom d'*Esclave de fer*, est en effet un esclave infatigable
qui, sous les ordres de l'homme, devra non-seulement
construire des routes, creuser des canaux et des tunnels,
mais accomplir la plupart des travaux agricoles, le la-
bourage, l'ensemencement et la moisson. A l'aide de
cette machine, trois ou quatre hommes pourront culti-
ver 20,000 acres de terre. Elle aurait pour résultat, dans
un avenir peu éloigné de transformer le travail agricole et
de substituer aux ouvriers humains des esclaves de fer.
Toujours est-il que la machine construite par l'ingénieur
Atkins, pour le compte de la Société d'émigration, a fonc-
tionné en présence d'un nombreux public aux environs
de Bicester, en Oxfordshire. Cette expérience a pris le
caractère d'une véritable fête. Huit cents personnes ont
répondu à cet appel et pris place sous des tentes

élevées, tout exprès pour la circonstance. *L'esclave de fer* a travaillé à la satisfaction entière des actionnaires, et dans le banquet qui a terminé la fête, des remerciments ont été adressés à l'ingénieur et aux ouvriers qui l'ont assisté.

Entrons dans quelques détails très-rapides sur les procédés les plus généraux de l'industrie par rapport à la fabrication du fer. — Quand il est tiré des mines, comme les autres métaux, on lave ses particules à l'eau courante; ensuite on les pose avec du charbon dans le fourneau. Par-dessus le tout on ajoute une quantité déterminée de castine (terre pierreuse chargée elle-même de particules de fer), ou simplement des cailloux et du sable de rivière. Par suite de la cuisson, le fer se sépare des sables; mais il absorbe une grande partie du limon qui restait joint à la mine de fer. Les sables vitrifiés délivrent le fer des scories ou terres calcinées qu'ils entraînent dans leur masse. Alors toutes les particules de fer, ainsi réduites en fusion, coulent comme un torrent de feu, et se répandent soit dans de longs sillons qu'on a tracés sur le sable, soit dans des moules préparés pour différents ouvrages tels que marmites, chaudières, etc., ou même pour la fabrication des canons et autres pièces d'artillerie. Le fer qu'on laisse couler dans des sillons forme ce qu'on appelle la gueuse ou le lingot de fer. Quand le métal est refroidi et encore assez mou, on le détache en longs morceaux que l'on bat doucement avec de petits marteaux, pour en rapprocher toutes les parties et lui donner de la consistance sans le casser. Alors on porte cette pièce, qui a également la forme carrée, à la chaufferie, autre fourneau d'où elle est placée sur l'enclume pour être réduite en pièces plates pour toutes sortes d'ouvrages. Trempé brûlant dans l'eau froide, le fer acquiert l'augmentation de dureté qui lui est nécessaire pour les différents usages auxquels il est destiné.

3. — Le fer-blanc; l'étain.

Le fer a la propriété de s'étendre et de s'amincir jusqu'à être mis en feuilles; dans cet état il est ce qu'on appelle la tôle; le fer-blanc est la tôle étamée. La feuille de fer doit passer pour cela par trois opérations fort simples. D'abord on la blanchit dans des baquets pleins d'eau et de vinaigre; ensuite, après l'avoir frottée avec une éponge trempée dans une préparation chimique, on la plonge un instant dans un creuset de fer rempli d'étain fondu; après ces préparations cette lame est du fer-blanc. On sait l'usage du fer-blanc pour un grand nombre d'objets d'utilité domestique; on en fabrique des vases, des pots et toutes sortes de pièces qui tiennent une grande place dans la batterie de cuisine. — Nous disons que le fer-blanc est un fer battu étamé; mais il faut savoir ce que c'est que l'étain. On appelle du nom d'étain un métal d'une couleur blanche, mais moins que celle de l'argent; il est plus mou, moins élastique et moins sonore que les autres métaux, à l'exception du plomb; il est le plus léger des métaux; mais il est aussi moins ductile que d'autres qui sont plus durs que lui. L'étain, entre autres emplois, sert au placage des métaux. Il sert aussi à souder différents métaux entre eux; enfin si l'étain manquait, il y aurait une grande lacune dans l'application des métaux à la plupart des usages domestiques.

4. — Acier.

L'acier est une substance qui a pour élément principal le fer pur combiné ou allié avec le carbone. Il y a diverses espèces d'acier, parce que le fer, sa matière constitutive, est lui-même d'une nature très-variable. Tous les aciers peuvent se rapporter à trois classes : 1º l'acier naturel ou acier de forge est le plus impur et le plus inégal, et est aussi au plus bas prix ; il a la propriété de se souder très-facilement avec le fer et avec lui-même ; 2º l'acier de cémentation s'obtient par la combinaison directe du carbone avec du fer pur ; il est dur, cassant, et ne peut être travaillé qu'après avoir été forgé. Il se colore facilement en bleu, par l'action de l'air, lorsqu'on le chauffe. Il devient très-dur à la trempe, et susceptible de prendre un assez beau poli. Les plus célèbres aciéries cémentées sont celles d'Amboise dont l'acier donne des outils et des limes aussi parfaites que celles d'Angleterre et d'Allemagne ; l'aciérie de Toulouse, où l'on fabrique de l'acier excellent, des limes, et environ 80,000 faux par an ; celle de Givet, dans les Ardennes, et d'autres encore.

La troisième classe est l'acier fondu, celui qu'on obtient en liquéfiant l'acier naturel, soit seul, soit avec d'autres matières, et en coulant cette fonte avec des moules et en la forgeant ensuite. Pour convertir le fer en acier, on porte dans des fourneaux exprès de grandes pièces de fer qui ont passé par l'affinerie et la chaufferie ; on souffle le feu jusqu'à ce que le fer ait éprouvé une très-grande diminution, et on le trempe avec un soin particulier. On le forge alors, et ce qui demeure est le pur acier. L'acier fondu est le plus poli, le plus tranchant, le plus égal, et enfin le plus fin et le plus beau de tous les aciers.—La bijouterie d'acier a acquis dans ce siècle une grande importance en France; elle se fait généralement avec l'acier fondu, et s'exécute à l'aide du tour, du ciseau, du burin. —L'acier et le fer lui-même sont susceptibles de prendre une couleur bleue qui est plus ou moins vive ou foncée lorsque ces matières ont été suffisamment échauffées et couvertes de substances végétales ou animales, particulièrement avec le tan que les tanneurs retirent de leurs cuves. Cette belle couleur bleue, qui donne tant d'éclat aux épées, se conserve pendant longtemps; néanmoins elle est sujette à se ternir.

5. — Cuivre.

Parlons maintenant du cuivre, métal rouge, très-sonore, très-dur, fusible et malléable, et qui est du plus grand usage pour les hommes dans l'état de société. Il y en a de deux espèces, le rouge et le jaune. Au sortir de la mine, on le fait fondre et refondre. C'est ce qu'on appelle cuivre rouge. C'est le plus net et le plus ductile. En y mêlant, à la fonte, une quantité égale de calamine, qui est une sorte de terre fossile qu'on a purifiée au feu, on augmente considérablement la masse, qui devient, par cette opération, du cuivre jaune, autrement appelé laiton. Cet alliage rend le métal moins ductile; il est aussi moins sujet à la rouille; on lui rend sa ductilité en l'adoucissant par le mélange du plomb. Le cuivre rouge et le cuivre jaune sont la matière ordinaire des fontaines, des cuvettes et des chaudières grandes et petites. C'est la matière de toute la batterie de nos cuisines, et de tous les vases qui servent à préparer la nourriture de l'homme. Pour combattre le vert-de-gris, sorte de rouille mortelle, formée de sels nitreux qui nagent dans l'air et que l'eau y dépose, on se sert de l'étain, avec lequel on enduit de temps en temps l'intérieur de ces vases. Le cuivre est plus fusible que l'or et moins que l'argent. C'est un des métaux les plus sonores, les plus ductiles et les plus malléables. Lorsque le cuivre est en contact avec la flamme, il s'oxyde et lui donne une teinte verte.

Par sa grande ductilité, le cuivre rouge s'allonge aisément sous le marteau ; il se met en lames, s'arrondit, se plie, et prend sans résistance telle forme qu'on veut. Il sert en particulier aux planches pour les gravures. Le cuivre jaune, qui, par le mélange de la calamine, est devenu moins obéissant au marteau qu'à la fonte, coule aisément dans tous les moules qu'on lui présente ; il y prend fidèlement tous les traits qu'on a voulu lui imprimer. Il se prête facilement à la lime et au burin, et prend l'éclat de l'or sous les frottements réitérés de l'émeri (pierre minérale qu'on réduit en poudre), de l'étain fin calciné, et du tour. Le cuivre se convertit ainsi en statues de toutes grandeurs ; il se plie et s'arrange autour des commodes, de armoires et des pendules, en palmes, en festons, en feuillages et en mille formes gracieuses ; il sert aux incrustations des meubles de Boule ; on en fait des lampes, des chandeliers, des lustres et des supports de toute espèce. C'est qu'en effet, le cuivre est, après le fer, le métal le plus employé dans les arts. Outre ce que nous venons de dire, il est la base de la monnaie de billon, et entre pour un dixième dans les monnaies d'or et d'ar-

gent. Une grande industrie pour laquelle il est particulièrement exploité, et de la manière la plus délicate, est celle
dont nous allons parler.

6. — Bronze.

Si on mêle par portions égales le cuivre rouge avec
le cuivre jaune, on en tire le bronze ou métal de fonte,
matière propre à immortaliser les grands hommes par
les statues qui leur sont dressées et à conserver la mé-
moire des grands événements, comme chez les anciens, qui
écrivaient leurs victoires et leurs lois sur des tables de
bronze. C'est en bronze qu'ont été constamment fabriquées les monnaies et les médailles. Si l'on ajoute au
bronze un peu d'étain et d'antimoine, pour en rendre
toutes les parties plus coulantes, et ne laisser en aucune
place aucun vide, aucun interstice, on peut en fondre des
canons et tout l'attirail meurtrier de la guerre. En dou-
blant dans la fonte la dose d'étain, c'est-à-dire en y mettant un vingt-cinquième d'étain sur cent livres de bronze,
on en fait des cloches. — Le mot airain s'emploie d'une
manière générale dans le sens de bronze; mais dans un
sens particulier, il marque les alliages de cuivre et d'é-
tain qui servent à la fabrication des canons, des cloches
et des statues.—Le plus grand monument de bronze qui
existe est le baldaquin de l'église de Saint-Pierre de
Rome, élevé au seizième siècle par l'ordre du pape Urbain VIII. Le bronze s'est naturalisé en France en 1654,
dans les fonderies de l'Arsenal, établies par le ministre
Louvois, sous la direction des frères Keller. Comme
grands monuments de bronze, appartenant à notre siècle,

à Paris, il faut citer la colonne de la place Vendôme, et les portes de l'église de la Madeleine.

7. — Bronzes d'art.

Les anciens connaissaient le travail des bronzes pour l'ornementation. A Rome, les portes des temples, les statues, les tables des lois étaient en bronze. Sous la Renaissance, de grands artistes reprirent l'emploi du bronze et produisirent des ouvrages d'une grande célébrité. L'industrie des bronzes fut popularisée en France vers le même temps, mais avec un éclat moins marqué qu'en Italie. Sous Louis XIV et Louis XV, à part les statues, les produits en général consistaient en vases dorés, chandeliers, croix d'église et autres objets destinés à la religion. Boule le premier eut l'idée d'appliquer le bronze aux décorations intérieures en l'associant sous des formes élégantes avec les mosaïques et le bois sculpté. Un peu plus tard, on remplaça par de bizarres décorations les œuvres sévères du dix-septième siècle ; on fit des figures pour les pendules, des groupes d'un goût généralement peu sûr ; on fit pour les foyers des chenets riches et massifs. La fabrication des bronzes suivit les phases du goût mêmes que celles de l'orfévrerie. Le goût fut amélioré sous Louis XVI ; celui de l'antique prévalut sous la Révolution et sous l'Empire, mais avec peu de distinction et beaucoup de sécheresse. On appliqua l'or et l'argent avec beaucoup de sobriété ; on fuyait les couleurs éclatantes, et l'on ne cherchait que l'extrême sévérité des formes.

Sous la Restauration il se fit dans le goût du public une réaction. On se passionna pour la dorure et les su-

jets romanesques. Plus tard, vers 1840, le goût est devenu plus sévère et moins exclusif. On a perfectionné les
détails de l'exécution, et l'art, sans s'attacher d'une manière spéciale à un genre plus qu'à un autre, reproduit
avec une grande habileté de main les styles différents,
l'antique, le moyen âge, la renaissance, laissant au goût
des acheteurs le soin de fixer leur préférence. Celui dont
les dessins ont, en ce moment, le plus de cours pour
les bronzes d'ornement est M. Barye ; cet artiste a un
très-grand talent comme statuaire d'animaux ; les ours,
les taureaux, les éléphants, les lions surtout sont retra-
cés par lui avec une incomparable vigueur. Barye est à
la fois fondeur et ciseleur de ses ouvrages. A part ses productions destinées aux bronzes d'art, il est surtout connu
par de grands ouvrages, notamment par les deux lions en
bronze placés à l'entrée des Tuileries, du côté de la
Seine. L'invention de ce qui fut appelé la dorure au mat,
sous Louis XV, ouvrit aux bronzes d'art une nouvelle
carrière ; on dora les pendules, les flambeaux et une
foule d'ornements ; le bronze devint dès lors un objet de
luxe, et les progrès de cette industrie vont toujours crois-
sant. Néanmoins beaucoup de personnes, même pour
l'ornementation, aiment mieux le bronze pur, plus noble
et plus réel que la dorure.

8. — Le plomb ; demi-métaux.

Après les métaux qui précèdent, un autre métal d'un
grand usage dans l'industrie, surtout pour les besoins ordinaires de la vie, est le plomb, métal d'un blanc bleuâtre,
sans éclat, mou, très-pesant et très-fusible au feu. Le

plombier façonne le plomb et le met en œuvre pour les fontaines et pour la couverture des églises et des maisons. On fait avec ce métal des conduits et des réservoirs pour les eaux, on en fait aussi des ornements d'architecture. Beaucoup d'états font un grand usage du plomb : les vitriers, les poêliers, les potiers d'étain. Les balles et les grenailles, qui servent à la guerre et à la chasse sont en plomb. On cherchera dans des livres spéciaux des détails plus étendus sur ces métaux et sur d'autres dont nous ne parlons pas. — Il y a aussi ce que l'on appelle les demi-métaux, substances métalliques, cassantes et non ductiles, dont quelques-uns prennent de plus en plus d'importance. Tel est le bismuth, demi-métal blanc, jaunâtre, fusible et en lames ; le mercure, fluide et d'un blanc éclatant qui lui a fait donner le nom de vif-argent ; il s'allie avec la plupart des métaux ; il s'emploie dans les sciences physiques, dans les arts, et il est nécessaire à la confection des glaces ; l'antimoine, autre sorte de demi-métal, blanc, brillant et fragile. Mais il faut citer surtout le zinc, demi-métal d'un blanc brillant et tirant sur le bleu ; il s'allie avec toutes les substances métalliques, mieux avec le cuivre qu'avec le fer ; le zinc est devenu d'une grande importance dans le commerce et dans l'industrie du bâtiment, où il s'emploie beaucoup pour les toitures.

9. — L'alumine.

Il existe diverses substances qui servent, pour ainsi dire, d'intermédiaire entre le minéral et le métal. De ce nombre est l'alumine, généralement regardée comme une terre, une argile pure, et que les chimistes paraissent avoir reconnu n'être autre chose qu'un métal uni à l'oxygène, de même que le fer, uni aussi à l'oxygène ou fer oxydé, ressemble plus à de la terre qu'à du fer. Ce métal, trouvé dans l'argile et appelé *aluminium* ou alumine, ne s'obtenait d'abord que fort difficilement et en poudre ; mais, assez récemment, on est parvenu à l'obtenir en barre. L'alumine s'étend sous le marteau ; c'est un métal plus brillant que l'argent ; il ne se ternit pas à l'air ; il ne s'altère ni dans l'eau ni dans la plupart des acides ; les émanations sulfureuses ne le noircissent pas comme l'argent ; à volume égal il pèse comme le verre. Toutes ces propriétés font présumer qu'il deviendra très-utile , soit par lui-même, soit en remplaçant, dans certains cas, d'autres métaux plus coûteux que lui. C'est encore une découverte précieuse, un nouveau bienfait que Dieu a accordé à l'homme et qu'il appartient à l'industrie de tourner à l'avantage du grand nombre.

10. — La fonte de métaux ; le feu.

C'est bien en vain que l'on aurait trouvé les métaux dans les entrailles de la terre si les hommes n'avaient eu de bonne heure le secret de les fondre. C'est ici qu'il faut s'arrêter à considérer à la fois la puissance de la nature et celle de l'homme qui l'exploite ; c'est le feu qui est ce formidable agent auquel rien ne résiste et que la nature a mis à la disposition de l'homme pour opérer ces prodiges. Fénelon décrit le feu d'une manière admirable et que nous avons du plaisir à rapporter : « Voyez-vous ce feu qui paraît allumé dans les astres et qui répand partout la lumière ? Voyez-vous cette flamme que certaines montagnes vomissent et que la terre nourrit de soufre dans ses entrailles? Ce même feu qui demeure paisiblement caché dans les veines des cailloux, et jusqu'à ce que le choc d'un autre corps l'excite, l'homme a su l'allumer, et l'attacher à tous ses usages pour plier les plus durs métaux et pour nourrir, avec du bois, jusque sous les climats les plus glacés, une flamme qui lui tient lieu de soleil, quand le soleil s'éloigne de lui. Le feu est comme l'âme de tout ce qui est; il consume tout ce qui est impur et renouvelle ce qu'il a purifié. Le feu prête sa force aux hommes trop faibles. Il ne faut pas s'étonner si les anciens, qui n'avaient pas les lumières que la foi nous a données, ont cru que c'était un trésor céleste que l'homme avait dérobé aux cieux. » Le feu règne dans les forges et c'est là qu'il faut se donner, quand l'occasion se rencontre, le spectacle de la puissance extraordinaire que Dieu lui a prêtée. A l'aide de cette force souveraine, le fondeur a produit des merveilles.

Le travail de la fonte consiste à modifier les métaux, à les rendre plus purs, plus souples, plus forts, en les délivrant des matières étrangères qui en altèrent la qualité. Le fondeur les jette dans des moules et leur imprime des formes aussi diversifiées que nos besoins. La fonte de l'or, de l'argent, du cuivre, du fer, de l'étain, du plomb, du bronze, exige, pour chacun de ces métaux, autant de procédés différents. On distingue deux sortes de fondeurs : les uns qui fondent les grands ouvrages, comme les statues, les cloches, les canons, les mortiers à lancer les bombes et autres semblables; les autres, qui ne fondent que de légers ouvrages, comme ceux qui servent à l'utilité ou à l'ornement de nos demeures.—Les fondeurs de caractères d'imprimerie font une classe à part. Les deux choses les plus importantes pour la fonte des lettres sont la matière et les matrices. La matière est un métal composé de cuivre et de plomb mêlés avec une certaine proportion, qui est l'art du fondeur. Les matrices des caractères sont des morceaux de cuivre sur lesquels, avec des poinçons et des frappes, on a fait en creux l'empreinte des caractères qu'ils doivent représenter ; chaque lettre a sa propre matrice ; il y en a de particulières pour les points, les virgules, les guillemets, les chiffres ou romains ou arabes, et autres ornements. Les cadratins, qui ne sont que de plomb et qui ne doivent pas laisser d'empreinte dans les ouvrages d'imprimerie, se fondent sans matrice et seulement dans les moules.

L'art du fondeur remonte, comme nous l'avons dit, aux temps les plus anciens. Les Égyptiens et les Grecs savaient fondre et mouler les métaux. Les premières statues en airain datent du septième siècle avant J.-C. Du reste, cet art déclina sous l'empire romain et fut complétement négligé au moyen âge. De nouveaux essais furent tentés à l'époque de la renaissance ; mais ce ne fut qu'au dix-septième siècle que l'art du fondeur reprit de l'éclat. En 1685 Louvois établit, sous la direction de J.-B. Keller, la fameuse fonderie de l'Arsenal pour les statues de bronze. L'art de fondre les canons ne remonte qu'au quatorzième siècle, et c'est seulement depuis la fin du dix-septième siècle que date l'importance des fonderies françaises de Douai, Pignerol et Besançon, pour les armements de terre. Les fonderies, surtout celles de fer, ont été multipliées de nos jours. On cite la fonderie du Creusot, près d'Autun (Saône-et-Loire), pour les grandes pièces et les locomotives, et celle d'Indret, près de Nantes. — Quand les métaux sont fondus, ce n'est que l'opération préalable ; il faut les mettre en œuvre; alors on les porte à la forge, à l'atelier où l'on façonne, à bras d'hommes, au marteau, à la lime et à l'aide du feu, toutes les pièces de fer et d'acier employées dans les diverses industries.

11. — Arts qui emploient les métaux ; l'horlogerie.

Il serait trop long d'énumérer les divers arts auxquels ont donné naissance les métaux, particulièrement le fer et le cuivre. Parmi les nombreuses industries qui exploitent ces matériaux, nous en rappellerons deux qui tiennent de près aux arts et aux sciences. D'abord l'horlogerie. — Les hommes ont eu une grande idée quand ils ont pensé à mesurer le temps, et ont inventé des procédés, des instruments pour déterminer cette mesure d'une manière aussi précise que possible. Bossuet dit, à ce sujet, une belle parole : « L'homme est monté jusqu'aux cieux ; pour marcher plus sûrement il a demandé aux astres de le guider dans ses voyages (avec la boussole) ; pour mesurer également sa vie, il a obligé le soleil à rendre compte, pour ainsi dire, de tous ses pas. » C'est sur ce principe, sur le retour et la marche périodique du soleil, qu'est fondée la division du temps. La durée a des divisions naturelles : les années, les saisons, les mois, les jours, les heures et les divisions de l'heure. Dieu, qui nous a donné la vie, une vie si courte, pour la remplir de bonnes œuvres, a voulu que les divisions en fussent marquées par la nature, et que nous pussions nous rendre compte de chaque heure, pour savoir si nous l'avons occupée dans l'ordre de la divine volonté. C'est pourquoi, à l'imitation de la nature et dans le but de se rendre maître du temps en fixant, avec certitude, même ses parcelles, l'homme a inventé l'horloge, c'est-à-dire, dans son sens étymologique et primitif, la science des heures.

Les plus anciens instruments pour mesurer le temps sont le sablier et la clepsydre ou horloge d'eau. Tout le monde sait ce que c'est que le sablier; la clepsydre est moins connue. Elle se composait d'un vase à l'extrémité duquel l'eau s'écoulait dans un étroit tuyau, d'où elle tombait goutte à goutte dans un récipient de cristal. Dans les temps modernes, on voit l'emploi des métaux pour les appareils des horloges à eau. Au commencement du neuvième siècle, le calife Aroun-al-Raschid envoya à Charlemagne, entre autres présents d'un grand prix, une horloge d'airain damasquinée d'or. Elle était à rouages et marquait les heures sur un cadran. Au moment où l'aiguille s'arrêtait sur un chiffre, un nombre égal de petites boules de fer tombaient sur un timbre, et sonnaient les heures. Alors douze fenêtres s'ouvraient et l'on en voyait sortir douze cavaliers qui, après diverses évolutions, rentraient dans l'intérieur du mécanisme, et les fenêtres se refermaient. — Mais ce n'étaient encore là que des clepsydres, des horloges mues par l'eau; les horloges métalliques n'étaient pas inventées. Cette invention paraît due au pape Gerbert, au neuvième siècle; du moins est-ce ce savant pontife qui trouva l'échappement ou le poids moteur.

Ce n'est en effet que vers la fin du dixième siècle qu'on

fixe l'époque de l'invention des horloges dont le mouvement est communiqué par des roues dentées. La vitesse réglée par un balancier, l'impulsion donnée aux roues par un poids, le temps indiqué par un cadran divisé en douze parties égales, au moyen d'une aiguille portée par l'axe d'une roue, sont des inventions qui se rapportent à cette époque du moyen âge. On enchérit sur ces découvertes en ajoutant au côté de ces horloges un rouage dont l'office était de faire frapper par un marteau sur une cloche, les heures indiquées par le cadran. L'horlogerie se développa en France d'une manière tardive. Elle resta plusieurs siècles bornée aux sabliers et à divers moyens plus ou moins factices ou ingénieux de marquer les divisions du temps. C'est au treizième siècle qu'on voit se répandre des horloges à échappement ou à poids moteur avec des sonneries. En 1304, la ville de Caen possédait une de ces horloges mécaniques appelées Jacquemart, qui, placée sur le pont, à la vue de tous, faisait l'admiration des habitants et des étrangers. Plus tard, au quinzième siècle, un allemand, Henri de Vic, attiré en France par Charles V, construisit l'horloge de la tour du Palais, réglée par un balancier horizontal et munie d'une sonnerie. Cette horloge contenait toutes les bases de l'horlogerie moderne ; un poids pour moteur, une pièce oscillante pour régulateur et un échappement.

La plus fameuse de toutes les horloges mécaniques est celle de Strasbourg, qui a été exécutée en 1547. Elle se compose de trois étages. A l'étage inférieur, sur le premier plan, est un globe astronomique porté sur le dos d'un pélican. Ce globe, du poids de cent livres, tourne sur lui-même en vingt-quatre heures. Il représente le lever et le coucher du soleil et de la lune, ainsi que le cours et le mouvement des astres, qui tous font leur révolution par le moyen des ressorts et des rouages cachés dans le pélican. Un tableau rond, placé en arrière du globe contient un calendrier perpétuel, marquant les mois, les semaines et les jours. De chaque coté du calendrier, debout sur des piédestaux, se tiennent Diane et Apollon. La seconde partie du tableau, qui a son mouvement de droite à gauche, ne fait qu'un tour en cent ans. Au centre, on voit une carte d'Allemagne, et le plan de Strasbourg. Aux quatre coins, les quatre saisons, ou les quatre âges de l'homme. Au troisième étage on voit le Jaquemart tournant avec une roue et représentant des sujets religieux, entre autres Jésus-Christ et la Mort près d'une cloche : la Mort veut frapper à chaque quart-d'heure, mais le Christ la repousse et ne lui permet de sonner que quand l'heure est venue. L'horloge est terminée par un dôme dans lequel un carillon joue des airs de cantiques anciens. Puis un coq automate déploie ses ailes avec bruit, allonge le cou et fait entendre deux fois son chant.

Les anciennes horloges étaient loin d'être parfaites ; elles coûtaient fort cher et exigeaient un grand emplacement, puisque le poids moteur seul devait peser cinq cents livres. Le temps leur apporta de nombreuses améliorations. On en fit d'abord de plus petites, appelées pendules, pour placer dans les chambres ; enfin on fit des horloges portatives, c'est-à-dire des montres. Cette invention eut lieu vers 1500, à Nuremberg ; on appela d'abord les montres des œufs de Nuremberg, parce qu'elles avaient la forme ovale. Sous Charles IX, en France, les seigneurs en portaient, dit-on, d'assez petites pour être placées sur des bagues. Elles se perfectionnèrent graduellement par l'invention de la fusée, de la chaîne d'acier, du ressort spiral dont l'action entretient le mouvement de la machine et tient lieu du poids dont on se sert pour les horloges. Bréguet inventa l'échappement libre et à force constante. Les frères Geyser trouvèrent le pendule à mouvement perpétuel. Lépine confectionna les premières montres plates, en supprimant l'une des deux platines entre lesquelles étaient renfermées toutes les pièces du mécanisme et la remplaçant par des pivots. Vous prierez votre horloger de vous expliquer ce détail intéressant ; il nous suffit ici de vous avoir expliqué, d'une manière sommaire, cet art, qui est l'une des plus belles applications du métal (du cuivre) à l'industrie. Du reste, l'horlogerie, depuis Huygens, qui vivait au milieu du dix-septième siècle, et qui appliqua la géométrie à la mécanique, a touché à la science par un point, par la théorie du mouvement des corps.

12. — La monnaie.

La confection des monnaies est une des plus intéressantes applications que l'homme ait pu faire du métal, particulièrement du cuivre et du bronze, pour les nécessités les plus grandes de la société. La monnaie est une pièce de métal, frappée par une autorité souveraine, au nom d'un prince ou d'un État indépendant, pour la facilité du commerce et pour remplacer le système primitif et si incommode des échanges. Dans toute pièce de monnaie on distingue le côté de la tête, face ; le côté opposé, revers ; la légende, écriture gravée autour de la figure ou dans le champ de la pièce ; l'exergue, espace réservé, du côté du revers, pour quelque inscription ; le cordon, tour de la pièce sur son épaisseur ; le millésime, date de sa fabrication. — Les Égyptiens paraissent avoir été les premiers inventeurs de la monnaie métallique. Dans la Bible il est parlé de monnaies (sicles), à l'époque du voyage d'Abraham en Égypte. Chez les Grecs, l'invention de la monnaie paraît remonter au septième siècle avant J.-C. La première monnaie des Grecs portait l'empreinte d'un bœuf. Les plus anciennes sont celles de Gélon, roi de Syracuse et d'Alexandre Ier, roi de Macédoine. On admire beaucoup celles de l'époque d'Alexandre. Mais les plus belles collections de monnaies en bronze sont celles de l'empire romain, pour les deux premiers siècles. — Chez les anciens, les médailles étaient ou fondues ou frappées.

On pense que Childebert Ier est le premier des rois mérovingiens qui ait fait battre la monnaie d'or. Mais cette fabrication n'offrait pas les garanties de crédit et de stabilité. Chaque petit seigneur s'arrogeait la faculté de battre monnaie. Sous les derniers rois de la première race, que l'histoire a appelés les rois fainéants, il n'existait pas moins de 150 espèces de pièces de monnaie. Elles s'excluaient réciproquement, de sorte que le commerce de prince à prince était à peu près impossible. — La monnaie royale portait d'un côté une croix, de l'autre une espèce de porte, soit de ville, soit d'église, soutenue par des piliers, de là cette dénomination de croix et pile donnée encore de nos jours aux deux côtés de la monnaie. — En France, les médailles ou monnaies ne peuvent êtres frappées que dans les ateliers de la Monnaie de Paris. Aucune médaille ne peut être publiée, exposée ou mise en vente que sur la permission de l'autorité publique. — Les médailles antiques qui dépassent les proportions ordinaires s'appellent médaillons. Les médailles en général sont de trois dimensions : le grand, le moyen et le petit bronze. Ce sont celles de moyen bronze qui se retrouvent en plus grand nombre dans les médaillers ou dans les cabinets des curieux.

13. — Petits travaux sur les métaux ; épingles.

Il ne faut pas négliger les industries des petits objets ; elles sont immenses parfois par l'importance qu'elles ont dans le commerce. Telle est celle qui concerne la confection des aiguilles et des épingles, qui semble peu de chose et qui occupe tant de monde. La confection d'une simple épingle exige dix-huit opérations successives et autant d'ouvriers pour chaque spécialité. Il faut jaunir le fil de laiton (cuivre jaune mêlé avec la mine de zinc), qui sort tout noir de la forge ; il faut le dresser, c'est-à-dire le tirer, l'étendre sur le plancher, et là le tailler à la longueur voulue ; puis vient le travail des empointeurs, qui façonnent les pointes, des repasseurs, qui les finissent, des coupeurs, qui préparent l'épingle sans tête, des faiseurs de têtes, des coupeurs de têtes, des réunisseurs de têtes, des ajusteurs de têtes, des découpeurs, des blanchisseurs, des étameurs, des sécheurs, des piqueuses de papier et des bouteuses qui y attachent les épingles. On peut dresser 660 toises de laiton par heure.

Les têtes se font avec du laiton roulé en tire-bouchon, plus mince que celui dont l'épingle est faite. Un ouvrier habile peut couper jusqu'à 144,000 têtes par jour. —La profession d'épinglier est malsaine, parce que le vert-de-gris, qui est l'oxyde du cuivre, comme la rouille est celui du fer, est un poison ; les empointeurs, dont les meules détachent des épingles une poussière extrêmement fine, en sont surtout les victimes. Cette poussière leur entre par le nez, par la bouche et descend plus ou moins dans l'estomac, malgré le carreau de verre qu'ils placent sur leur visage ; l'oxyde de fer pénètre leurs cheveux et leur donne une teinte de vert. — Tout ce détail sur un si petit objet métallique a cela d'intéressant qu'il montre à quel degré, par la sagesse de la Providence, peut s'établir la répartition du travail de manière à fournir à chacun, autant que possible, le pain qu'il doit manger ici-bas avec effort, pour mériter l'éternel repos dans une vie meilleure.

14. — Aiguilles.

Quoique les anciens auteurs parlent d'ouvrages exécutés à l'aiguille, il n'est point parvenu jusqu'à nous d'aiguilles antiques ; il est à croire que les aiguilles à coudre, étant d'acier comme les nôtres, ont été détruites par la rouille. Les collections d'antiquités n'offrent que des aiguilles d'or, d'argent, de bronze ou d'ivoire, employées pour la coiffure des femmes. La consommation des aiguilles à coudre est immense. Une aiguille passe entre les mains de plus de quatre-vingts ouvriers différents, avant d'être complétement terminée. Il faut admirer encore ici le principe de la division du travail, qui produit un semblable résultat. Chacun des ouvriers qui concourent à la confection d'une aiguille ne fait, comme pour l'épingle, qu'une seule opération ; à force de la répéter il l'exécute avec autant de promptitude que d'habileté. — Les aiguilles anglaises sont sans rivales pour la perfection du poli, l'acuïté de la pointe et la manière remarquable dont le chas est évasé. En Angleterre, où le travail de l'acier est arrivé depuis longtemps au plus haut degré de perfection, on fabrique des aiguilles avec du fil d'acier ; en France on emploie du fil de fer qu'on transforme ensuite en acier, en le chauffant avec du charbon en poudre. La cémentation s'opère sur les aiguilles déjà façonnées. — Parmi les fabriques d'Angleterre, de France et de la Prusse rhénane, celle qui paraît avoir pris le plus immense développement est celle de Burtscheid, près d'Aix-la-Chapelle.

CHAPITRE III.

LES MÉTAUX DE LUXE ET AUTRES MATIÈRES PRÉCIEUSES.

1. — Le luxe et l'ornement.

L'homme ne pouvait pas se borner à satisfaire les besoins absolument nécessaires à son existence, à sa conservation; il lui fallait quelque chose de plus; et d'abord
il devait orner cette demeure qu'il s'était formée. De là
l'invention des arts de luxe et l'emploi des métaux précieux, ainsi que des autres substances plus rares, destinées à satisfaire ces besoins, factices sous certains rapports, mais qui, néanmoins, ne manquent pas de réalité pour l'existence de l'homme dans l'état de société où
il est placé. Certainement il faut blâmer le luxe dans ce
qu'il a d'excessif, de contraire à la modestie, à la pru-
dence, lorsqu'il conduit à faire des dépenses supérieures
à son revenu. Mais quand il est contenu dans de justes
limites et qu'il se renferme dans l'ornement des villes,
des habitations et, jusqu'à un certain point, des vêtements, il n'est point contraire à la loi divine et il a pour
résultat de fournir de grands moyens d'activité au travail de l'homme, en l'amenant à exploiter un plus grand
nombre de substances que la volonté divine a placées
sur la terre afin sans doute que l'homme les découvrît,
les recuillit et en appliquât l'usage à l'adoucissement de

son existence. C'est sous ce point de vue que nous allons parler ici, d'abord des métaux précieux, tels que l'or et l'argent, puis des pierres précieuses et autres matières également précieuses telles que les diamants, les perles, enfin l'ivoire.

2. — L'or.

L'or est le plus précieux des métaux, outre qu'il est le plus pesant et le plus compacte, il est aussi celui qui s'épure le mieux, qui est le plus ductile et se prête le plus aisément aux divers usages auxquels il plaît de l'employer. On le file, on le détache en feuilles qui servent à la dorure ; il est inaltérable et ne saurait être atteint par la rouille. L'or des mines est en grains ou en pierres ; celui qui est en grains se sépare des terres et autres matières par le lavage. L'eau des lavoirs emporte et écarte peu à peu la terre adhérente au métal. Le plus ordinairement, l'or se trouve dans les veines des montagnes, en lames, en paillettes, en grains ou en filaments, quelquefois en lingots. On fond ensuite tous ces morceaux et l'on peut en faire des lingots plus ou moins considérables, témoin celui de 400,000 francs qui a été exposé longtemps à Paris et qui a été mis en loterie. On voyait à l'exposition universelle tous les degrés par lesquels l'or passe, depuis sa première découverte, dans le sein de la terre, jusqu'à la dernière préparation qu'il reçoit, avant d'arriver entre les mains de l'industrie qui l'applique. — On exploite l'or particulièrement au Brésil, au Chili, au Mexique, en Sibérie, dans l'Oural, et particulièrement, depuis peu d'années, en Californie.

On doit au hasard la découverte des mines d'or de la Californie. M. Sutter, capitaine dans la garde suisse de Charles X, avait quitté la France en 1830. Après avoir successivement habité l'État du Missouri, ainsi que les environs de la rivière Colombia, et passé quelque temps aux îles Sandwich, il vint en Californie avec plusieurs de ses compatriotes et fonda, dans la vallée du Sacramento, un établissement qui prit une rapide extension. Le mécanicien, qu'il avait chargé d'installer une scierie à une certaine distance de sa résidence, s'aperçut que le sas de la roue principale était insuffisant pour l'échappement de l'eau. Afin d'épargner à ses ouvriers un nouveau travail, il laissa l'eau se frayer elle-même un passage, de sorte qu'au bout de quelques semaines un tas de sable se trouvait amoncelé à côté de la roue. Au moment où le mécanicien se disposait à faire enlever une partie de ce sable, il découvrit de nombreuses paillettes d'or et se hâta de prévenir le capitaine Sutter de cette circonstance. Tous deux se promirent de garder le secret de leur découverte; mais le bruit s'en répandit avec une prodigieuse rapidité et les chercheurs d'or affluèrent par milliers. Beaucoup d'entre eux, n'ayant d'autre ustensile pour laver le sable aurifère que de simples écuelles ou leurs chapeaux de paille, trouvèrent pourtant moyen de recueillir jusqu'à quatre ou cinq cents dollars par jour dans les premiers temps.

Le travail nécessité pour l'extraction de l'or et le broiement de la roche qui le contient, rend très-dispendieuse l'exploitation de ce métal. Une condition plus favorable est celle qui fait rencontrer l'or répandu en poudre plus ou moins fine, en petites plaques portant le nom de paillettes et qui se trouvent dans certains dépôts de sables que, pour cette raison, on appelle sables aurifères. La recherche de l'or, dans ces sables, est beaucoup plus facile ; elle se borne au lavage. Le principe sur lequel est basée cette opération est celui-ci : quand on agite modérément, dans une masse d'eau, une certaine quantité de poudre de divers minéraux, ces substances se séparent selon la pesanteur qui leur est propre. L'or étant le plus lourd des métaux qui se trouvent dans ces sables, puisqu'il pèse dix-neuf fois autant que l'eau, tandis que les matières siliceuses ne pèsent guère, suivant leur composition, que deux ou trois fois le poids de l'eau, il en résulte un triage assez prompt. On fait cette opération par les moyens les plus simples, dans des sébilles, sur des tables à rebords et d'autres instruments. Une fois l'or tombé au fond, on fait écouler l'eau doucement et on enlève le sable par un procédé quelconque ; le résidu, qui est de l'or plus ou moins pur, suivant la réussite du lavage, est ensuite traité métallurgiquement pour le réduire en lingots.

On trouve quelquefois dans la terre ou dans les rochers des fragments d'or d'un volume plus considérable que les petits grains dont on vient de parler ; il en est de la grosseur d'un pois, de la grosseur d'une noisette, et, enfin, on en cite de plus considérables encore ; ces fragments portent le nom de pépites. On cite une pépite de Californie pesant plus de douze kilogrammes et dont la valeur pouvait être d'environ trente mille francs. — L'Ancien Testament cite souvent l'or d'Ophir ; il venait probablement des Indes, pays où se trouvent réunis les cinq

objets de commerce indiqués au premier livre des Rois :
l'or, l'argent, l'ivoire, les singes et les paons. Il est dit
que l'or d'Ophir était porté en Judée par les navires de
Tarsis. Les Phéniciens en exploitaient le commerce. Il est
dit aussi que les navires faisaient des voyages de trois
ans ; aussi quelques personnes ont pensé qu'ils allaient jusqu'aux Indes, en faisant le tour de l'Afrique. — Dans tous
les temps, l'or a été le signe de la richesse. Il a été appelé
le roi des métaux, à cause de sa belle couleur et de la résistance qu'il oppose à tous les agents par lesquels on es-
saierait de le dissoudre. Il a été aussi l'occasion de grandes
rêveries. Les alchimistes et les médecins du moyen âge lui
attribuaient des propriétés surnaturelles, et faisaient de
vaines recherches pour changer tous les autres métaux
en or.

L'amour de l'or a causé bien des malheurs et bien des
crimes dans l'humanité. Ne parlons pas des crimes qui se
renouvellent tous les jours, puisque tant de meurtres ont
été déterminés par la passion de s'emparer d'un bien que
Dieu n'a pas donné ; mais combien l'amour de l'or ne
cause-t-il pas de malheurs, soit à l'avare, qui s'épuise
et se prive de tout pour accroître des richesses stériles, soit
au prodigue, qui veut de l'or à tout prix pour satisfaire à
toutes ses convoitises ! Depuis quelques années les mines
d'or de la Californie ont éveillé la cupidité d'une multitude d'Européens, qui n'ont pas craint de quitter leur
modeste demeure pour aller ou bout du monde chercher
un métal qui ne paiera pas certainement la peine qu'ils
auront prise pour se le procurer. Et, d'un autre côté,
pour un qui réussit, combien d'autres ont échoué et n'ont

trouvé que la misère, la maladie ou la mort! Combien ont vu se dissiper en un instant tous leurs projets, à cause de la grande cherté des denrées de première nécessité, et ont remporté de ce sol aurifère une misère bien plus grande que la pauvreté qui les avait fait partir! Combien sont morts sur place sans abri, sans secours, ne trouvant autour d'eux que des rivaux et des ennemis! Que ne pense-t-on plutôt au vrai bien que Dieu promet! Heureux plutôt ceux chez qui la soif de l'or est remplacée par l'amour de Dieu et l'ardeur de remplir les devoirs qu'il impose, et qui n'oublient pas cette parole du divin Maître : « Cherchez Dieu et sa justice ; le reste vous sera donné par surcroît. »

3. — L'argent.

L'argent vient après l'or et tient le second rang dans l'ordre des métaux. On le trouve dans les mines à peu près comme l'or lui-même ; quelquefois il est en masse et sans mélange. Ce métal est inaltérable à l'air et dans l'eau : ce qui lui a valu, de la part des anciens, l'épithète de noble. Lorsqu'il perd son éclat, il faut attribuer cet effet à la présence accidentelle de l'hydrogène qui lui donne une couleur noirâtre ; mais cette altération ne porte que sur la couleur et non sur la matière même. Pour rendre aux ustensiles d'argent leur couleur primitive, il suffit de les frotter avec un peu d'huile ou de craie, ou, avec unetoile fine et incrustée d'ammoniaque. — Un art très en pratique est l'argenture, qui consiste à appliquer de l'argent sur la superficie des objets ; on n'argente guère que le cuivre, le laiton et le maillechort. On argente en feuille, procédé le plus ancien, en appliquant sur le cuivre des feuilles d'argent très-minces qu'on fait adhérer à l'aide de la chaleur. On argente aussi par frottement avec du chlorure d'argent. On emploie beaucoup aujourd'hui l'argenture galvanique ou électro-chimique ; elle a été introduite, en 1840, par Ruolz. On dissout l'argent dans des agents convenables ; on place dans ce bain les pièces à argenter et, par l'effet de l'électricité développée au moyen de la pile galvanique, on précipite l'argent pur, qui vient se fixer sur ces pièces.

4. — Orfévrerie.

Ce n'est pas vainement que la nature a fait de l'or et de l'argent les plus beaux, les plus brillants métaux. Dans tous les temps, l'or et l'argent ont servi, non-seulement à la fabrication des monnaies représentatives des valeurs les plus élevées ; ces riches matières ont surtout été employées à embellir l'existence, à parer la personne, à rehausser la richesse par les ornements de l'art. L'Écriture nous apprend que les femmes des Hébreux se dessaisirent de leurs bracelets et boucles d'oreilles pour fondre les vases sacrés. En fouillant les tombeaux des anciens Égyptiens, on trouve une infinité de petits bijoux en or et en argent, précieux débris qu'affectionnait la vieille Égypte et qui s'étalent à nos regards, après trois mille ans, sous les vitrines du Musée égyptien au Louvre. Dans l'Odyssée, on voit qu'Hélène reçut pour cadeau de noces une quenouille d'or et une corbeille d'argent. Les armes de Glaucus et des chefs troyens étaient faites d'or ciselé. Les divers métaux dont le bouclier d'Achille était composé prouvent au moins que les orfévres du temps d'Homère connaissaient divers alliages propres à donner aux armes plus d'éclat et de solidité. La plus grande élégance se montrait dans les bijoux d'or et d'argent chez les Grecs et les Romains. Au temps du Bas-Empire le luxe exista, surtout dans l'étalage des pierres précieuses, taillées en camées et montées sur des ciselures d'or.

Durant le moyen âge, l'art de l'orfévrerie brilla d'un vif éclat. Il y avait les châsses incrustées de pierreries, les calices, les reliquaires, les crosses épiscopales, les reliures des missels, les ostensoirs : on voit beaucoup de ces richesses conservées dans les musées, particulièrement dans celui de Cluny à Paris. On reconnaît une grande habileté à manier les matières précieuses chez les orfévres du moyen âge. C'était une époque de foi où toutes les branches de l'art, bien que n'ayant pas eu, sous certains rapports, le perfectionnement qu'elles obtinrent plus tard, firent des merveilles pour orner les temples du Seigneur et répondre à l'ardeur des générations qui se pressaient sous les voûtes sacrées. La conquête de Constantinople par les Turcs amena dans l'Occident les procédés des anciens Grecs. La renaissance des lettres et des arts, vers le quinzième siècle, produisit des artistes qui élevèrent l'orfévrerie au niveau des plus hautes branches de l'art. On cite des orfévres italiens, au seizième siècle, qui exécutèrent des chefs-d'œuvre en ce genre : Benvenuto Cellini, le plus renommé de tous, a laissé des ouvrages d'orfévrerie que l'art moderne le plus avancé ne saurait entièrement égaler.

Sous Louis XIII et sous Louis XIV, l'orfévrerie fut très-riche, mais lourde en comparaison des légères arabesques qui caractérisaient l'âge précédent. Dans ce genre, on peut voir au Louvre, au Musée des souverains, le magnifique coffret donné, dit-on, par le cardinal de Richelieu à la reine Anne d'Autriche, et dont toute la surface est couverte d'un superbe rinceau en or, découpé à jour avec la main la plus sûre et la plus habile qui se puisse imaginer. Sous Louis XV, il s'introduisit dans les ouvrages d'orfévrerie une affectation de délicatesse et de grâce, qui était une altération du style noble de Louis XIV; sous le règne suivant, la bijouterie, dans ses formes et dans ses dessins, est plus sévère. Plus tard, on revint à une extrême simplicité qui fut poussée jusqu'à une sorte de froideur dans les formes et les ornements. Durant le premier empire, les orfévres, assujettis au goût classique, ne montrent pas une grande variété. Néanmoins les plus célèbres bijoutiers de cette époque ont laissé de beaux ouvrages, notamment le service en vermeil offert par la ville de Paris à l'Empereur Napoléon Ier, à l'occasion de son sacre, la toilette de l'impératrice Marie-Louise et le berceau du roi de Rome.

Le goût, dans l'orfévrerie, s'est beaucoup amélioré depuis un certain nombre d'années. Il s'est trouvé des orfévres qui, sachant employer les grands artistes et d'habiles ouvriers, ont su rivaliser, par leurs beaux ouvrages, avec les productions des meilleures époques. Il a été facile de s'en convaincre à l'exposition universelle de 1855. Les autres pays, surtout l'Angleterre, avaient pris une noble part à cette exposition; mais la France l'a emporté! On a eu lieu d'admirer les magnifiques produits des grandes maisons de Paris, qui avaient apporté là de véritables richesses pour la matière et pour le travail. Surtout on s'est beaucoup arrêté devant quatre coupes, dépendant d'un service et représentant les quatre saisons. Ce travail était sorti des ateliers de M. Froment-Meurice. Un autre orfévre d'un grand renom, M. Christofle, avait exposé une œuvre immense, un service de cent couverts qui lui avait été commandé par l'Empereur. Il se compose de quinze pièces principales avec le surtout qui est une des œuvres les plus remarquables de l'orfévrerie moderne. Au milieu on voit la France entourée de quatre statues allégoriques figurant la Religion, la Justice, la Concorde et la Force; elle distribue des couronnes à tous les genres de gloire; la figure de la Guerre, représentée par un guerrier dirigeant l'ardeur de quatre chevaux attelés à son char; celle de la Paix, que représente une figure montée sur un char traîné par des bœufs, furent regardées comme de véritables chefs-d'œuvre d'exécution; des coupes et des candélabres, également allégoriques, ajoutent à l'éclat de cette belle composition.

« Il y a peu d'orfévrerie, ajoute ici l'auteur de l'Histoire de l'exposition, qui puisse soutenir la comparaison avec une pareille œuvre. Le travail de la ciselure s'y montre avec un rare degré de perfection. Le ton de l'argent mat est heureusement mêlé à celui de l'argent oxydé; la lumière joue, les toisons miroitent, les chairs respirent. Les moindres détails, les chevelures, les plumages, les étoffes, les nuances, tout se fait admirer sur cette trame de métal assoupli comme un tissu. » En un mot, l'orfévrerie de l'exposition a donné une haute idée des ressources qu'offre aux manufactures l'intelligence des ouvriers parisiens. L'orfévrerie jouit, en effet, à Paris, d'un grand succès; elle occupe une multitude de mains. Rien que la maison que nous venons de mentionner, seulement pour l'exécution des objets de platerie, de fabrication courante tels que casserolles, réchauds, saucières, supports, assiettes, cloches, théières, cafetières, couverts, etc., occupe bien 1200 ouvriers et ouvrières. Sous ce rapport, comme sous celui du progrès des arts, il faut être indulgent pour le luxe qui permet aux hommes riches de se donner des jouissances très-nobles, en concourant au bien général et en encourageant une industrie qui fournit du travail à un si grand nombre d'ouvriers intelligents.

5. — Les pierres précieuses; le diamant.

On ne s'est pas contenté d'exploiter l'argent et l'or pour les beaux objets de l'orfévrerie, pour ajouter, par la parure et par l'éclat, un attrait de plus aux choses utiles; on a demandé des trésors d'une nature encore supérieure aux entrailles de la terre; on leur a arraché ces pierres précieuses qui rehaussent le diadème des rois et font la plus riche parure des personnes du monde, dans les réunions où il faut paraître avec toutes les splendeurs qu'autorisent le rang et la fortune. On peut remarquer qu'à mesure que les métaux, ainsi que les autres productions de la nature, sont plus précieux et plus recherchés, ils sont aussi, en fait, d'une utilité moins grande; ainsi l'or et et l'argent sont beaucoup moins utiles que le fer et les pierres. Si celles-ci venaient à manquer, elles feraient, dans la société et dans le commerce des hommes, un vide bien autre que celui qui aurait lieu, par exemple, si les mines d'argent cessaient de fournir leurs produits. Quoiqu'il en soit, l'exploitation des pierres précieuses, l'enlèvement des perles aux abîmes de la mer, prouvent le courageux effort de l'homme pour s'approprier le séjour qui lui est donné; on reconnaît aussi, dans ce penchant de l'homme à chercher ce qui est à la fois inutile et splendide, son aspiration naturelle vers le beau; on ne saurait nier, en effet, que la pureté et l'éclat des pierres précieuses n'en fassent un des plus beaux trésors de la nature.

Les pierres précieuses sont ou transparentes ou opaques. Pour apprécier leur valeur on considère en elles l'éclat, la couleur, le poli et le poids. De toutes les pierres transparentes la plus belle est le diamant; les principales mines se trouvent dans l'Inde et dans l'Amérique du Sud, au Brésil surtout. Amsterdam est la ville qui s'occupe le plus spécialement de ce commerce. La première opération que subit le diamant, après son arrivée sur le continent, est celle de la taille. Le diamant brut ressemble à de petits galets transparents bien battus par les vagues de la mer. On taille la pierre en lui donnant une forme conique; les éclats qui en sortent s'emploient a faire des roses ou de la poudre de diamant, qui sert à former les facettes et à les polir. A cet effet on présente le diamant en taille à une roue en mouvement sur laquelle est étendue de la poudre de diamant. Le mérite de la taille des diamants consiste dans la régularité des facettes. On monte le brillant sur or et argent. Les beaux diamants se montent toujours sur argent. L'art du joaillier consiste à enchasser les brillants avec la plus grande délicatesse. Pour qu'une parure soit réellement bien montée, il faut que l'œil n'aperçoive pas de quelle manière sont retenues toutes ses pierres; que l'argent se montre peu et que le diamant seul attire les regards.

Par son étymologie, le diamant signifie la pierre indomptable, à cause de son extrême dureté, et parce qu'on le supposait incombustible. C'est en effet le plus dur des minéraux connus. Il n'est ni volatile ni fusible; aucun liquide ne le dissout; toutefois il brûle facilement dans le gaz oxygène, et se transforme alors en acide carbonique. Il est ordinairement sans couleur, mais quelquefois il prend des teintes bleues, jaunes, roses ou brunes. La taille lui donne son éclat. On dit que le diamant est d'une belle eau quand sa pureté approche de la perfection. Que d'efforts il faut pour le tailler et le polir ! Regardez les diamants d'une bague; ils sont taillés à plusieurs facettes, afin que la lumière, se réfléchissant d'un plus grand nombre de points, communique au diamant, ainsi monté, son plus brillant éclat. La plus belle taille est celle en rose; elle présente à son sommet une pyramide à facettes triangulaires et une large base plate destinée à être cachée dans la monture. L'art de tailler le diamant paraît avoir été trouvé en 1476, par un Flamand qui s'aperçut que deux diamants frottés l'un contre l'autre s'usaient mutuellement. Le diamant taillé qui passe pour le plus beau par sa forme et sa limpidité est le Régent, ainsi nommé parce qu'il fut acheté par le Régent sous Louis XV, d'un Anglais qui l'avait rapporté de l'Inde; il est le plus noble joyau du trésor de la couronne. Il faisait beau de le voir, à l'exposition universelle, où on l'avait mis sous les regards de la foule, avec les plus riches parures du monde, les couronnes, les colliers, les bracelets; étincelantes pierreries, rivières de diamants destinées à ajouter leur splendeur à la beauté d'une souveraine.

Ce qui fait la diversité des pierres précieuses, c'est surtout leur couleur : le rubis est la pierre qui tient le premier rang ; il est rouge ; s'il se trouve être d'un rouge de rose vermeille, on lui donne le nom de rubis balai. L'escarboucle est une autre sorte de rubis, d'un rouge foncé, très-éclatant ; on peut aussi y rapporter le grenat, pierre précieuse rouge et cristalline. L'améthyste est de couleur violette, tirant sur le rouge ; l'émeraude est du plus beau vert ; le béril tire sur l'eau marine ; le saphir est bleu céleste ; la topaze est couleur d'or ; l'opale réunit à la fois toutes les couleurs. Le cristal est la plus commune des pierres transparentes ; il y a des cristaux qui imitent le diamant. La plus belle des pierres opaques est la sardoine ou cornaline, qui est d'un rouge pâle et quelquefois tirant sur l'orange. Les autres sont l'onyx, qui est grisâtre, mêlé de noir et de blanc ; la turquoise, qui tire tantôt sur le bleu et tantôt sur le vert ; le lapis-lazzuli, qui porte des mouchetures d'or sur un fond bleu céleste. L'industrie a fabriqué les pierres artificielles ou pierres fausses ; on a surtout imité le diamant, la topaze et l'émeraude, au moyen du strass que l'on colorie de diverses nuances. On ne s'y trompe pas lorsqu'on y regarde avec attention : un diamant faux n'a jamais le même feu que le véritable.

Il y a deux pierres de nature analogue : l'agate et le jaspe, demi-transparentes, dures et propres à être polies, elles sont moins rares que le plus grand nombre de celles qui précèdent; elles se taillent et se polissent aisément. L'agate et le jaspe varient leurs couleurs à l'infini; on y trouve souvent des ébauches de fleurs, d'arbres, d'animaux et d'objets divers, champêtres surtout, auxquels l'art n'aurait que quelques traits à ajouter.

6. — Les perles, la nacre.

Quoique l'usage des perles ne se soit bien répandu en France que sous le règne de Henri II, leur valeur y a été appréciée de tout temps, et leur éclat a toujours rehaussé le prix des joyaux dont se sont parés les princes, les grands et les dames. Dans l'antiquité, les perles étaient fort recherchées et il s'en faisait un grand commerce. Personne n'ignore qu'une reine d'Égypte, dans un festin, fit fondre une perle qui valait des millions, et qu'elle l'avala avec le vin contenu dans sa coupe. Les anciens donnaient à la perle le nom de *margarita*, d'où nous avons fait Marguerite, un nom très-élégant par lui-même et par sa signification. — La pêche de perles se faisait en France dans plusieurs rivières, surtout dans la Charente, devant le bourg de Saint-Savinien. Les perles se trouvaient renfermées dans un coquillage bivalve, que le peuple nomme palourde et qu'il fallait aller chercher sous le sable qui le recouvre; elles étaient regardées comme aussi précieuses et d'une aussi belle eau que les perles du Levant. Cette pêche fut abandonnée vers la fin du dix-septième siècle, parce que l'espérance des plongeurs n'était pas toujours satisfaite. Il fallait souvent ouvrir plusieurs centaines de palourdes avant de rencontrer une seule perle

4

qui pût récompenser le plongeur de ses fatigues. Les perles qui se trouvent dans le commerce sont généralement ou des perles anciennes, ou des perles tirées des pêches du Levant, de l'île de Ceylan, du golfe du Mexique.

Les perles fines, regardées de tout temps comme des objets si précieux, se rencontrent quelquefois dans l'huître perlière et dans l'huître commune. Certaines moules marines de la Méditerranée et de la mer Rouge renferment des perles roses. On voit assez souvent des perles jaunes, grises, bleuâtres et même complétement noires. La forme de la perle dépend de l'endroit où elle prend naissance; quand elle adhère à la coquille elle est plus ou moins déprimée, de forme bizarre et perd sa rondeur tant appréciée. L'importation annuelle des perles fines en Europe représente une valeur fort considérable. On nomme perles vierges les perles fines de belle eau et de forme régulière; celles qui sont irrégulières ne se vendent qu'au poids. — Les pêcheries de perles de l'île de Ceylan appartiennent aux Anglais. La pêche commence en février et dure jusqu'aux premiers jours d'août. Les plongeurs de Ceylan sont exercés dès l'enfance à ce rude métier; ils ne peuvent guère rester sous l'eau plus d'une demi-minute. Ils s'attachent à une corde amarrée au bateau, et, portant une lourde pierre qui facilite leur descente, ils se hâtent de détacher les huîtres qu'ils entassent dans un filet suspendu à leur cou. On les aide à remonter aussitôt qu'on les voit tirer la corde. Les plongeurs n'atteignent presque jamais un âge avancé. La pêche des perles dans l'Amérique du Sud a beaucoup diminué. Les Indiens refusent de se livrer à ce travail à cause de ses périls de toute espèce et du misérable salaire qui leur est attribué.

Une substance qui s'emploie beaucoup pour les ouvrages de tabletterie est la nacre, substance dure, blanche, argentée, qu'offre l'intérieur de beaucoup de coquilles, et qui reflète un mélange agréable de couleurs, particulièrement la pourpre et l'azur. On en fait un grand usage pour couvrir des boîtes, des tabatières, pour faire des étuis, des dés, des éventails, des boutons, etc. Les nacres s'apportent brutes en Europe ; elles se vendent au poids et leur prix varie suivant leur beauté et leur grandeur. — En général les écailles de nacre, que l'industrie transforme en objets si variés, proviennent des grosses huîtres des mers des Indes et de l'Amérique méridionale. La surface extérieure de ces coquillages est rugueuse ; mais il suffit de l'enlever pour obtenir les plaques de nacre dont l'épaisseur varie avec l'âge des huîtres. La nacre est fort dure et ne peut être travaillée qu'à l'aide d'outils exprès, souvent même on est obligé de l'attaquer par des acides. On lui donne le poli avec ce qu'on appelle le rouge d'Angleterre, qui est du sulfate de fer calciné. — On a vainement essayé d'imiter les perles en taillant la nacre sous la forme sphérique ; on n'a jamais obtenu l'aspect mat et chatoyant des perles naturelles.

7. — L'ivoire.

Il faut classer l'ivoire parmi les matières qui servent à la confection des objets de luxe et de pur ornement. L'ivoire est la dent de l'éléphant mise en œuvre, remarquable par sa blancheur et le poli extrême qu'on lui fait prendre. Dans tous les temps le commerce de l'ivoire a été considérable. Les peuples de l'antiquité l'employaient soit pour orner leurs maisons et leurs temples, soit pour sculpter les images de leurs dieux, soit même pour leurs meubles; la fameuse chaise curule, chez les Romains, était en ivoire, ou du moins ornée d'ivoire. Les artistes grecs commencèrent à faire usage de l'ivoire au retour de l'expédition de Troie. Les temps modernes n'ont pas négligé ce genre de luxe. On l'emploie à un grand nombre d'objets usuels et d'ameublement; mais surtout aux objets d'art; on voit dans les musées et dans les cabinets des curieux, ce que l'on appelle des ivoires, des statuettes et mille objets travaillés avec une extrême délicatesse qui montrent qu'au moyen âge et sous la renaissance, cet art était très-perfectionné; maintenant il est moins en vogue; néanmoins on exécute de fort belles choses en ce genre. — L'ivoire arrive dans nos ports sous la forme de défenses entières; il provient de la Guinée, de l'Égypte, du cap de Bonne-Espérance, de l'Inde. L'industrie de l'ivoire est depuis longtemps une spécialité de la ville de Dieppe.

CHAPITRE IV.

LES VÉGÉTAUX ET LEUR EMPLOI DANS L'INDUSTRIE.

1. — Toujours la Providence.

Quand Dieu plaça l'homme dans le paradis terrestre
il lui donna une nature admirable qui produisait d'elle-
même, sans travail, tous ces beaux végétaux qui couvrent
encore la surface de notre terre. Mais il y avait une grande
différence entre l'aspect et la destination des arbres dans
les temps d'innocence de l'homme et l'aspect de cette
même nature végétale après sa chute. Dieu avait dit à
l'homme : Use de tous ces biens, de ces fleurs qui vont
charmer ton séjour, de ces fruits qui seront pour toi une
nourriture abondante et douce : un seul est défendu, celui qui s'appelle l'Arbre de la science du bien et du mal.
L'homme désobéit à Dieu, et il fut chassé du Paradis terrestre. Alors il fut obligé de faire beaucoup d'efforts, de
passer la vie avec labeur, pour obtenir quelque ombre
de ces beautés végétales qui croissaient auparavant d'elles-
mêmes avec un luxe bien plus grand. Il y est parvenu à
force de soins; la nature s'est avouée vaincue à un certain degré ; les champs se sont couverts de verdure et de
fleurs, les arbres ont donné des fruits. Puis l'homme
apprit à user de ces végétaux pour sa conservation, son
habitation, sa santé, et mille objets divers plus ou moins

nécessaires. — Nous passerons en revue quelques-uns de ces objets auxquels l'industrie humaine a soumis les végétaux, soit les arbres, soit les plantes, sans nous occuper des ressources qu'elle fournit à l'agriculture, objet vaste que nous écartons, pour ne nous occuper que de l'industrie proprement dite.

2. — Les arbres.

Les plus ordinaires parmi les arbres que le travail de l'homme exploite sont : le chêne, le frêne, l'ormeau, le sapin, le châtaignier, le noyer. Voyons d'abord le premier travail que l'on fait subir à ces arbres. Quand ils sont parvenus au terme de leur croissance, un bûcheron vient les couper par le pied avec la cognée. On dépouille le tronc de ses branches et des ouvriers le scient en diverses manières pour en faire des madriers propres à la construction des vaisseaux, des poutres pour les maisons ou des planches et autres pièces destinées à la confection des meubles. Les grosses planches, les plus droites, sont réservées pour les solives ; celles qui sont crochues, pour les bûches ; les branchages servent aussi au feu, ainsi que les racines qui fournissent les souches. Il n'est pas même jusqu'à l'écorce des arbres dont on ne puisse faire usage pour les teintures et pour tanner les cuirs. La bonté de la Providence est donc bien évidente puisque, même à part des arbres fruitiers, elle a mis tant d'utilité dans des arbres qui semblent stériles. Ce n'est pas assez que ces grands végétaux offrent, dans la saison d'été, leurs beaux ombrages aux voyageurs fatigués ; ce n'est pas assez qu'ils contribuent tant à la beauté du paysage ; ces mêmes arbres, exploités pendant l'hiver, rendent aussi à l'homme

des services positifs. Bâtir des maisons, construire des vaisseaux, des machines, se chauffer : voilà à quels besoins
de l'homme concourent les bois, et cela sans préjudice
pour eux, puisqu'ils renaissent chaque année et que la
nature est si prompte à réparer ses ruines !

3. — Charpenterie. — Menuiserie.

C'est surtout pour la construction des maisons que les
bois sont nécessaires. A la rigueur, si la nature n'avait
pas fourni, dans les pierres, un ordre de matériaux encore
plus favorable aux constructions, les bois auraient pu y
suppléer. Beaucoup d'habitations en Suisse, connues sous
le nom de chalets, sont en bois. A Paris, au faubourg
Saint-Martin, il y a un constructeur d'élégantes maisons
de cette nature. Toutefois, le bois ne semble pas offrir
un abri suffisant. Cette construction est trop légère, pas
assez chaude, assez close et emporte avec elle trop de
danger par rapport au feu. Mais il reste au travail du
bois, relativement aux maisons, la grande exploitation de
la charpente. Cet art est le travail des pièces de bois assemblées, soit pour faire ces énormes échafaudages qui
servent à la construction des ponts et des grands édifices, soit pour la couverture des toits, laquelle se fait avec
des pièces de bois assorties, taillées et équarries. Le
charpentier est le terme le plus général sous lequel on
comprend tous les ouvriers qui travaillent le bois en gros :
menuisiers, tourneurs, charrons, etc. Du moins, au moyen
âge, tous ces corps d'état portaient ce nom. Mais, plus
tard, ils se sont divisés en deux grandes classes d'état :
ceux de la grande cognée, les charpentiers proprement
dits ; et ceux de la petite cognée, qui s'appliquent parti

culièrement à l'exploitation du bois pour l'ameublement.

Le principal de ces états est celui de menuisier. Cet art
est ainsi nommé de l'adjectif menu, parce que le menuisier se sert généralement de menu bois, comparativement
au charpentier. La menuiserie entre pour une part importante dans la construction du bâtiment; elle comprend
les cloisons, les planchers, les parquets, les lambris, les
revêtements de murs, les alcôves, portes, escaliers, volets, persiennes, placards; mais c'est surtout pour la confection des meubles, objets transportables, que cet art
est indispensable. Que ferions-nous dans nos maisons,
même les mieux distribuées, si elles n'étaient garnies de
lits, d'armoires, rayons, commodes, bancs et siéges divers ? L'ouvrier menuisier doit avoir des notions de géométrie pratique et de dessin linéaire; il lui faut, non-seulement dégrossir et polir les planches dont il se sert,
mais faire toutes sortes d'ajustages; il doit connaître les
principes de l'ornement. C'est un art agréable à prati-
quer que la menuiserie! Il est propre, expéditif et attrayant. Les objets dont il s'occupe sont multipliés, variés; l'ouvrier passe vite d'une commande à une autre;
il touche à la charpenterie par les plus gros ouvrages
auxquels il s'associe, et, par les plus délicats, il ne se
distingue pas d'une manière essentielle de l'ébénisterie.

4. — Ébénisterie.

Cet art comprend la fabrication en toutes sortes de bois
précieux. Les bois le plus communément employés en
ébénisterie sont, parmi les bois indigènes, le noyer, le

frêne, l'orme, l'amandier; parmi les bois exotiques, le bois de Sainte-Lucie, l'acajou, le palissandre, le bois de rose, le citronnier et les ébènes, qui ont donné leur nom à cet art lui-même. On ne fait plus guère aujourd'hui de meubles en bois massif; on construit une charpente en ébène ou en sapin qu'on revêt ensuite en bois précieux. Ce procédé, qui date du dix-septième siècle, a le double avantage de ménager les bois rares et de les faire valoir par la symétrie ou l'exposition des parties rapportées. L'opération du placage demande beaucoup de goût et de dextérité. Quand le meuble est plaqué, il ne reste plus qu'à le polir et le couvrir d'une couche de vernis.— L'ébénisterie est un art véritable, qui demande une connaissance très-étendue du dessin d'ornement et le goût le plus exquis; il faut savoir choisir les formes les plus élégantes et les exécuter avec précision. Cet art, se joignant à celui du sculpteur en bois, produit de beaux ouvrages qui sont de vrais monuments d'art. Nous allons en donner un aperçu rapide, d'une manière analogue à ce qui a été dit sur les bronzes d'art et les élégances de l'orfévrerie.

Quelle qu'ait été, suivant les peuples et suivant les siècles, la diversité du goût dans les ouvrages d'ameublement, il y a toujours une certaine forme essentielle qui est à peu près la même au fond et qui persiste malgré les diversités particulières. Ainsi on verra au Musée égyptien, à Paris, des objets de cette nature qui, après quatre mille ans, étonnent, en ce qu'ils ne diffèrent pas essentiellement de ce qui se voit encore à présent. Chez les Grecs, l'ameublement était simple, noble, élégant; les tables et les siéges étaient ornés de pieds sculptés et d'arabesques

4.

d'un beau fini. A Rome, le luxe avait plus de dévelop-
ment, et les formes étaient moins sévères. Maintenant l'a-
meublement a assez le caractère de celui des Romains
sous l'empire. Au moyen âge, les meubles sont en chêne,
d'une apparence massive, avec la forme cintrée, c'est-à-
dire arrondie, pour les premiers siècles; avec la forme
ogivale, c'est-à-dire s'élevant en arceaux, à partir du on-
zième siècle. Il y a beaucoup de décorations; des personnages, des figures d'animaux, des rinceaux, des ornements en feuillages de toute sorte. Dans les premiers
âges, les ornements sont écrasés et sans élégance; puis,
un peu plus tard, ils ont des formes grêles, sveltes, mais
fort imparfaites. Enfin, il y a entre les meubles du dixième siècle et ceux du treizième, proportion gardée, à peu
près la même différence qu'entre le chapiteau d'une colonne romane, comme on en voit dans l'Église de Saint-
Germain des Prés, et les colonnes légères qui se groupent
autour du pilier et montent rapidement pour s'épanouir
au sommet sous l'arceau de la cathédrale gothique.

L'époque que l'on appelle la renaissance, et qui eut lieu
à la suite du moyen âge, vers le temps de Louis XII, à la
fin du quinzième siècle, en rappelant le goût de l'antiquité dans les beaux-arts, dans la peinture, la sculpture
et l'agriculture, eut aussi son influence dans les arts secon-
daires : on l'a vu plus haut en ce qui concerne l'orfévrerie; ce goût se fit sentir aussi pour l'ameublement. Il n'y
a rien de plus élégant, de plus léger que ce qui se fit à
cette époque. Il y eut d'abord les meubles de chêne, si
remarquables par leurs ornements et par les figures en
relief qui y étaient sculptées. Vint alors ce qu'on appelle

des cabinets, beaux meubles à forme carrée, en ébène, qui contenaient, dans leur intérieur, des tiroirs plaqués et ornés de figures sveltes, élégantes et de beaucoup de mouvement. C'est le temps où les artistes multiplient les arabesques : on appelle de ce dernier nom des entrelacements de feuillages et de figures de caprice, à la manière des Arabes qui avaient, non pas inventé, mais donné un grand cours à cet ordre d'ornements. On voit au musée de Cluny, à Paris, une riche collection de cabinets d'ébène, de bahuts et autres meubles en chêne. Sous Louis XIV, l'art devient plus grave, plus sévère; les formes sont plus analogues au style de l'antiquité; les siéges, les tables se font remarquer par un luxe plein d'élégance et de bon goût.

Il y eut surtout à cette époque un artiste nommé Boule qui se fit admirer par les meubles riches sur lesquels on a appliqué des ornements en incrustations de cuivre doré. Les meubles de Boule sont fort recherchés et, dans le temps où nous sommes, il y a des ouvriers qui travaillent encore dans ce goût, avec un talent qui fait ressembler leurs ouvrages à ceux qui viennent du grand siècle. Maintenant tous les goûts sont en présence; on n'invente guère, mais on imite les divers genres avec une égale perfection : l'antique, le moyen âge, la renaissance, le siècle de Louis XIV et les ornements affectés, en vogue au règne de Louis XV. Il n'y a pas lieu de louer sans restriction ce progrès qui se fait aux dépens de l'originalité; il faut néanmoins admirer l'habileté avec laquelle l'ouvrier français, dans le haut genre, exécute tout ce qu'on lui propose d'imiter. Ce n'était pas sans s'émerveil-

ler que l'on parcourait, à l'exposition de 1855, les salles
où l'industrie française étalait sur ce point son incontes-
table supériorité sur les autres nations. Les lits, les bibliothèques, les tables, les fauteuils, les ouvrages les plus
divers, se disputaient l'attention des promeneurs, par la
richesse et la beauté du travail. On y voyait l'art des incrustations et toutes les ressources de la marqueterie,
prodigués avec une abondance qui ne le cédait pas aux
âges où ces arts étaient dans leur plus vif éclat.

On appelle marqueterie des ouvrages composés de pièces de rapport, en bois de diverses couleurs, soit naturelles,
soit simplement l'effet de la teinture. Ces ouvrages sont
formés le plus souvent avec des feuilles minces, appliquées de manière à figurer des compartiments. On y fait
quelquefois entrer d'autres matières que le bois, telles que
l'écaille, l'ivoire, le cuivre, dont on fait des dessins variés,
représentant des fruits, des fleurs et autres objets, ou
des dessins d'architecture. La marqueterie s'opère aussi
avec des émaux, des verres de différentes couleurs, des
pierres précieuses; avec les marbres rares; elle se confond alors avec la mosaïque. Les anciens ont excellé
dans la mosaïque. On l'employait chez les Romains
dans presque toutes les constructions; les mosaïques
servaient autrefois à orner les pavés, les murs, les pla-
fonds. L'Italie, surtout Rome et Florence, ont conservé
la supériorité dans cet art. Quant à la marqueterie proprement dite, elle avait passé de mode à la fin du siècle
dernier. Aujourd'hui elle a repris faveur. On a découvert
une méthode à l'aide de laquelle les couleurs sont introduites dans l'intérieur même de la substance du bois. —

On donne le nom de tabletier au fabricant ou au marchand qui exécute ou qui vend de beaux petits ouvrages, coffres de bois marquetés ou ornés qui font la joie des femmes élégantes, et jouent un si grand rôle dans le commerce, particulièrement au jour des étrennes.

Ces petits ouvrages de luxe, qui excitent la fantaisie de l'homme riche, et font si bonne figure sur les étagères, donnent lieu, lorsqu'ils s'exécutent dans le commun, à un commerce fort considérable, que l'on est assez convenu de comprendre sous le nom général de bimbeloterie. L'objet principal du bimbelotier est de fabriquer des colifichets ou joujoux d'enfants; il fait de petites commodes et d'autres ouvrages minimes, à l'imitation des ébénistes; de petits carrosses, comme les selliers; il imite le sculpteur et le mouleur dans de petites figures; il les habille comme fait la marchande de modes, la couturière et le tailleur. Sans doute c'est le bois qui occupe la plus grande part du bimbelotier; mais il exploite aussi le métal léger : tels sont les petits ménages pour les petites filles; le carton est employé pour les poupées, mais le bois est encore ce qui résiste le mieux. Un pantin en carton ne signifie rien.—C'est encore avec le bois que s'exercent diverses industries, telles que celles du fabricant de cannes, rotins, épines et bambous. Il n'y a pas de petites choses, en ce sens que la société fait argent de tout et qu'ainsi s'accomplit la volonté de Dieu par la répartition du travail dans la vie humaine.—Quoi qu'il en soit, puisqu'il s'agit ici de l'exploitation du bois, ce qu'il y a de plus noble, c'est l'exploitation en grand de cette immense production de la nature : c'est la charpenterie. A ce sujet n'oublions pas que le travail sur le bois, l'art du charpentier, a été honoré d'une manière surhumaine, puisque le divin Sauveur lui-même n'a pas dédaigné de l'exercer durant la plus grande partie de sa vie mortelle.

5. — Diverses plantes dans leur rapport avec l'industrie et le commerce.

Nous venons de dire le travail que l'on fait à l'aide des arbres. Parlerons-nous des plantes dont la terre est couverte, de celles qu'on sème et que l'on récolte chaque année, et des trésors qu'elles fournissent, soit pour le bien-être de l'homme, soit pour les ressources du commerce, surtout de celui de transport? Si nous nous interdisons ici de parler de l'agriculture proprement dite, afin de nous concentrer sur les autres branches, il est certaines denrées, en dehors de celles qui servent à nous sustenter et sans lesquelles on ne saurait vivre, qui jouent un rôle très-grand dans l'économie publique, dans la répartition du travail et par suite dans celle des richesses. Il s'agit ici, en particulier, de productions exotiques, qui ne sont pas absolument nécessaires à notre vie, mais dont l'habitude a fait comme un besoin, au point que beaucoup seraient trop malheureux s'ils en étaient entièrement privés. Nous voulons parler des denrées et productions coloniales telles que le sucre, le café, le tabac, et des essences végétales qui donnent lieu à un commerce d'une grande importance, à la parfumerie.

6. — Sucre.

La canne à sucre est une espèce de roseau qui paraît être originaire de l'Asie. Elle fut transportée, au quinzième siècle, à Madère et aux îles Canaries, et de là en Amérique, peu de temps après le premier voyage de Christophe Colomb, en 1492. La culture de la canne ne peut réussir que dans les climats très-chauds. Cette plante s'élève graduellement à la hauteur de trois mètres et souvent de six. Les tiges des cannes sont écrasées dans une espèce de moulin; on les soumet ensuite à une forte pression, pour en retirer le jus, qui contient environ le cinquième de son poids de sucre. On fait évaporer rapidement le jus dans des chaudières, en y ajoutant un peu de chaux, pour faciliter la clarification. Le sirop refroidi laisse déposer du sucre brut, appelé aussi cassonade. La liqueur visqueuse qui refuse de se cristalliser constitue la mélasse. Ce produit, soumis à la fermentation et distillé, donne une liqueur alcoolique connue sous le nom de rhum. Les sucres bruts sont soumis au raffinage et transformés en sucres blancs de diverses qualités. Le raffinage consiste à dissoudre de nouveau le sucre brut dans l'eau, et à décolorer et clarifier le sirop au moyen d'un charbon d'os, que l'on appelle noir animal, et du sang de bœuf. Une autre opération donne aux pains de sucre leur blancheur. C'est surtout d'après cette blancheur plus ou moins parfaite que l'on apprécie la qualité du sucre.

Le sucre est une denrée nécessaire non-seulement pour les classes aisées, mais encore pour les classes pauvres. Il assure la conservation, la saveur agréable et les qualités digestives d'une foule d'aliments, qui sans lui se détériorent en pure perte pour tous; et qui, pour peu qu'ils soient altérés, sont insalubres. Ce ne sont pas seulement les fruits et les pâtes qui peuvent être ainsi améliorés;

les boissons et tous les vins faibles exigent une portion de sucre pour acquérir et garder des propriétés utiles. Or, le sucre des colonies n'a jamais été véritablement à la portée des classes peu aisées, à cause de son prix élevé. La Providence a pourvu à l'insuffisance du sucre d'outre-mer, en permettant qu'on reconnût à l'une des productions de notre sol, des qualités semblables à celles de la canne à sucre. Les premiers essais de fabrication de sucre avec de la betterave remontent à l'an 1809. Il n'y avait encore, en 1814, qu'une seule fabrique digne de ce nom; mais aujourd'hui ces produits dépassent bien cinquante millions de kilogrammes par an. Il y avait près de cinq cents fabriques de sucre de betterave en 1840. — Le sucre est employé dans une foule d'industries, telles que celles de confiseur, liquoriste, limonadier, glacier. Il est un agent puissant de conservation pour les substances tant animales que végétales.

On s'est demandé si les bonbons étaient connus dans l'antiquité. Les anciens parlent du jus de la canne, qu'ils désignent sous le nom de miel de roseaux ; mais ils ne connaissaient le sucre que comme un sirop ; le secret de le blanchir, de l'épurer, de le durcir par la cuisson et d'en former des combinaisons, des friandises variées, n'avait pas encore été trouvé. L'art de cristalliser le sucre naquit de bonne heure chez les Arabes ; il est à croire que ce peuple l'introduisit en Occident, lorsqu'il conquit la Sicile. En 1176, il est parlé des champs de cannes à miel où à sucre qui existaient dans les environs de Palerme, et des manipulations auxquelles cette plante donnait lieu. On employait le sucre dans les confitures, en bonbons, surtout en sirops et en remèdes. Pendant longtemps le prix élevé de cette denrée le fit ranger dans cette dernière classe. Les apothicaires le vendaient exclusivement. En 1605, Henri IV écrivait à Sully de faire payer à son apothicaire la somme de 17,138 livres à lui due, tant pour remèdes que pour *sucres*, épiceries et flambeaux. Les apothicaires furent donc les premiers confiseurs... Les premiers bonbons étaient des conserves de gingembre et d'anis. Plus tard, l'abondance du sucre que produisaient les plantations nouvelles faites aux Canaries porta les colons à confire les fruits indigènes, et à en faire commerce.

7. — Café et cacao.

On raconte diversement la découverte des propriétés excitantes du café; on en fait communément honneur à un berger d'Arabie, qui avait remarqué que ses chèvres manifestaient une vivacité extraordinaire quand elles avaient mangé des graines de caféier. Quoi qu'il en soit, les Arabes paraissent l'avoir connu les premiers. L'usage en est devenu commun dans tout l'Orient à partir du quinzième siècle; mais il fallait encore deux siècles pour qu'il se répandît en Europe. On en fit pour la première fois, à Venise, en 1615, et à Marseille, en 1654. Le voyageur Thévenot l'apporta à Paris, en 1657. Les médecins dénoncèrent d'abord le café comme une boisson très-dangereuse; Mme de Sévigné déclara que c'était une mode qui passerait. Malgré ces autorités le café est aujourd'hui d'un usage presque général. A l'époque du blocus continental, le prix du café devint si élevé qu'on essaya de le remplacer à l'aide de végétaux indigènes, tels que la racine de chicorée sauvage, la châtaigne, l'églantier, etc.

Mais, à l'exception de la chicorée qu'on mêle au café par économie, tous ces cafés français ont été abandonnés. — Ajoutons ici un mot sur le chocolat. Les espagnols découvrirent au Mexique, en 1520, le cacaoyer, arbre qui produit le cacao, d'où l'on fabrique le chocolat. Cette substance faisait en grande partie la nourriture des indigènes. Elle fut introduite en France vers le même temps que le café, sous la régence d'Anne d'Autriche.

8. — Le tabac.

Le tabac est une plante annuelle d'un port élégant et d'une hauteur qui arrive jusqu'à deux mètres. La tige en est droite et arrondie ; les feuilles en sont oblongues et d'un très-beau vert ; les fleurs présentent une belle corolle campanulée et purpurine. Il est originaire d'Amérique. Lorsque les premiers navigateurs européens arrivèrent dans cette partie encore inconnue du globe, ils virent avec étonnement des hommes et des femmes aspirer la fumée de petits tisons formés de feuilles roulées de cette plante : c'est l'origine du cigare, et en même temps celle de la pipe. Le tabac commença à être cultivé en Espagne, vers 1518 ; mais seulement comme plante médicinale, à laquelle on attachait les plus merveilleuses vertus. En 1560, Jean Nicot, ambassadeur de France en Portugal, envoya cette plante à Catherine de Médecis, qui la mit à la mode dans notre pays. Elle fut appelée herbe à la reine, et nicotiane ou nicotine du nom de son introducteur en France. On ne tarda pas à reconnaître combien étaient chimériques les qualités que l'on avait dans le principe attribuées à ce végétal. Cependant on le voit encore, en

1712, administré à la duchesse de Bourgogne, dans la maladie dont elle mourut. Dans tout le dix-huitième siècle, il se répandit en Europe, et ne fut plus employé qu'à priser ou à fumer. L'usage du tabac en poudre que déjà Louis XIV, qui ne pouvait le souffrir, n'avait pu proscrire du monde élégant, devint une passion générale, et qui n'a cédé que quand a prévalu la méthode de l'employer en fumée.

Cette substance, si en vogue aujourd'hui, tire son nom de la petite île de Tabago, d'où sir Fr. Drake l'apporta en Angleterre, et d'où elle s'est répandue dans tous les climats. Si le tabac à tant de partisans qu'il est impossible de compter les tabatières et les pipes qu'il y a dans un pays, il a eu aussi de terribles adversaires. De ce nombre sont Amurat IV, empereur des Turcs, le czar Michel Fédérowitz, et un roi de Perse, qui en défendirent l'usage à leurs sujets, sous peine d'être privés de la vie ou du nez ; Jacques Stuart, roi d'Angleterre, qui a écrit un traité contre le tabac, qu'il nomme une maudite plante ; enfin le pape Urbain VIII, qui excommunie ceux qui se permettraient de fumer dans les églises. L'usage du tabac est une fâcheuse habitude. Priser ou fumer avec continuité, c'est se créer des besoins factices qui constituent de vraies dépenses. — Le gouvernement s'est réservé la vente exclusive du tabac. Il s'en consomme bien pour plus de cent millions par an, tous les frais compris. En répartissant cette somme entre les 33 millions de Français, au moins, qui existent, c'est une dépense d'environ 2 fr. 75 cent. par habitant. — Heureusement que dans le siècle où cette plante inutile et assez malheureuse fut apportée d'Amérique en Europe, un anglais, sir Walter Raleig, rapportait (en 1586) également d'Amérique en Europe, une plante autrement utile pour le peuple : la pomme de terre.

9. — Parfumerie.

Cette branche de commerce appartient aussi, en général, aux substances végétales; elle remonte aux temps les plus reculés. L'Écriture sainte mentionne que le roi Salomon faisait extraire en grand le suc des plantes aromatiques, et qu'il le mélangeait à l'eau dont il se servait pour ses ablutions. Les prêtres égyptiens possédaient à un haut degré l'art de distiller les plantes odoriférantes; ils en obtenaient des essences qu'ils brûlaient devant les autels, à l'époque de leurs solennités. On avait aussi appliqué l'usage des parfums à l'embaumement des morts, et les momies conservées après tant de sièles, prouvent la supériorité de ces peuples dans ce genre de préparation. On ne dit pas que les Grecs aient donné aux parfums la même destination funéraire; mais ils en ont tiré tout le parti possible pour les soins de la toilette et ceux de l'hygiène. Le secret de la distillation des essences et des huiles, transporté plus tard à Rome, fut une cause de la décadence de ce peuple, par l'abus que l'on en faisait pour les frictions et pour les bains. Au moyen âge, la parfumerie, se confondant le plus souvent avec la médecine, ne présenta aucun caractère distinct. Depuis le seizième siècle, cette industrie prend un grand essor; maintenant elle a pris le rôle qui lui appartient, dans ce quelle a de vraiment utile, c'est-à-dire l'hygiène; elle a renoncé à guérir les maladies intérieures, et elle s'applique d'une manière exclusive à prévenir celles qui peuvent se manifester au dehors. C'est surtout une des principales industries parisiennes. Les parfumeurs habiles de la capitale connaissent les bases hygiéniques des pâtes superfines, des parfums exquis, des eaux, huiles, extraits ou essences aromatisées.

10. — Produits alcooliques : l'éther. *

Nous ne disons rien de l'immense commerce des produits du raisin, vins, eaux-de-vie, liqueurs ; mais, puisque nous cherchons ici à recueillir les principales découvertes de ce siècle, nous croyons devoir nous arrêter sur l'éther, produit de l'alcool, qui est de l'esprit-de-vin, avec certaines combinaisons chimiques. Il y a surtout une découverte, médicale il est vrai, mais qui ne laisse pas que de tenir à l'industrie, par l'application nouvelle qu'elle a donnée à la substance alcoolique appelée éther. Il s'agit de l'éthérisation, par laquelle la vapeur d'éther respirée exerce une telle action sur le système nerveux, qu'elle amène une suspension plus ou moins complète de la sensibilité, tellement qu'on peut subir les opérations les plus douloureuses sans les sentir. Cette invention paraît appartenir au docteur Jackson, de Boston ; elle date de 1846. L'usage s'en est répandu en France promptement. Mais l'éthérisation proprement dite a fait place à un nouvel agent, le chloroforme, dont la respiration produit un effet beaucoup plus rapide et plus complet, sans exposer le patient à l'agitation nerveuse qui accompagne l'emploi de l'éther. Le chloroforme est une substance chimique, découverte en 1831, par M. Soubeiran, et dont la composition a été parfaitement établie en 1834, par

M. Dumas. Quelques gouttes de ce composé, versées dans le creux d'une éponge ou sur nn mouchoir de poche, déterminent souvent, au bout de quinze ou vingt aspirations, une insensibilité complète. L'inhalation du chloroforme est beancoup moins désagréable que celle de l'éther, mais elle n'est pas non plus sans danger.—On ne peut s'empêcher de voir, dans ces découvertes, un don nouveau de la Providence, et un adoucissement accordé par elle aux douleurs sans cesse renaissantes de l'humanité.

CHAPITRE V.

1. — Matières premières.

Quelle chose merveilleuse que le tissu, et que le génie
humain s'est montré grand, lorsque, sentant la nécessité
de subvenir à l'insuffisance de la nature, et d'abriter le
corps contre l'intempérie des saisons; il a été amené à
emprunter à ces mêmes subtances végétales (dont nous
avons vu tout à l'heure des objets si divers d'utilité) leurs
filaments pour les réunir, et en former des enveloppes
chaudes et solides. Le tissu est, en effet, une des grandes
inventions de l'homme, et, en même temps, une des principales exploitations de la nature végétale. Mais ce n'est pas
seulement à des végétaux que l'on a demandé les moyens
de se couvrir; on s'est aussi adressé aux animaux. On
a vu, sur le dos de ces animaux paisibles, ces toisons
abondantes, qui semblaient pour elles un luxe inutile, et
l'on a demandé à la timide brebis de livrer à l'homme
le superflu qui la surcharge; et ainsi, dès la plus haute antiquité, on a trouvé les tissus en laine. Ce n'est pas
tout. L'homme ayant remarqué ces fils de l'araignée, si
fins, et qui forment des toiles si fragiles, l'idée lui est
venue de demander à un autre insecte un fil presque

aussi fin, plus solide et plus beau, pour en fabriquer les tissus les plus brillants; ainsi a été trouvée la fabrication de la soie. Qui peut nier la volonté d'une Providence vigilante, qui a voulu que l'homme trouvât sur ses pas, non pas les choses nécessaires à la vie, mais leurs éléments, afin qu'aidé d'un génie inventif et du travail, il parvînt à transformer toutes choses, et à les faire ce que nous les voyons?

2. — Fil et coton.

Voyez-vous là-bas ces deux grandes pièces de terre couvertes d'une si belle verdure? L'une est du chanvre, l'autre du lin. Les tiges de ces plantes, après qu'elles ont été battues et bien préparées, forment la filasse, que l'on file. Le fil de chanvre sert à faire le linge de corps et de ménage; celui de lin, étant d'une plus belle qualité, sert à confectionner de plus beau linge. On l'emploie aussi pour faire de la dentelle et du filet. Vos draps, votre chemise, votre mouchoir, croissaient autrefois dans les champs. N'oublions pas de dire que la filasse de chanvre sert encore pour toutes sortes de câbles, de cordes et de ficelles. — A défaut de ces plantes, on cultive le coton dans quelques îles de l'Amérique, et surtout dans les grandes Indes. C'est d'abord un duvet léger qui entoure les graines d'un arbre appelé arbre à coton. Le fruit qui les renferme est à peu près de la grosseur d'une noix, et s'ouvre en mûrissant. Alors, on le recueille, et le coton, séparé des graines et du fruit, devient, après quelques préparations, cette espèce de filasse, douce et blanche, dont on fait la ouate. La partie la plus grossière se file en gros brins pour les mèches de nos lampes et de nos bougies.

Le reste, filé en brins presque aussi déliés que les cheveux, s'emploie pour la fabrication des mousselines et des toiles de coton. Les procédés pour filer et manufacturer les cotons sont devenus, depuis le commencement de ce siècle, le but des recherches du commerce et de l'industrie. On ne peut se figurer le nombre des machines inventées pour épargner la main-d'œuvre, ou perfectionner les instruments et mécaniques qui entrent dans la composition d'une filature de coton.

La draperie, dont les produits sont si nécessaires à l'homme, et constituent un si grand commerce, peut être considérée comme la plus considérable des applications de la laine à l'industrie. Quelle que soit la diversité des draps, plus ou moins beaux par le choix de la matière et le soin du tissu, les opérations qu'ils nécessitent sont à peu près les mêmes, malgré la diversité des produits. Après avoir été triées et lavées, les laines sont battues à diverses reprises ; on les débarrasse ainsi des corps étrangers qu'elles peuvent contenir, puis on les graisse avec de l'huile, afin de les rendre plus coulantes. On procède ensuite à l'opération du cordage, qui a pour objet d'allonger les fils et de les réunir en larges rubans. La filature commence immédiatement. Lorsque les fils sont sortis des mains des fileurs, ils sont divisés et transformés, soit en écheveaux, soit en bobines. Les ourdisseurs s'en emparent alors pour disposer les chaînes, qui sont remises aux tisserands, avec les fils destinés à la trame. L'étoffe est tissée, ce n'est pas encore du drap ; il faut que le foulon soit venu accroître la solidité du tissu et lui donner de l'élasticité en tous sens. On doit aussi dégraisser les pièces, en extraire les pailles qui s'y sont glissées, et réparer les accidents qui ont pu se produire dans la fabrication. On passe enfin aux apprêts, aux opérations qui ont pour but de mettre la marchandise en état d'être livrée au commerce. Ces derniers soins sont plus ou moins multipliés, plus ou moins minutieux, selon la qualité des draps.

2. — Soie.

Les vers à soie, avant leur naissance, sont renfermés en de petits œufs, que l'on conserve dans un lieu sec jusqu'au commencement du printemps. Alors, on les expose à une chaleur douce, et l'on en voit sortir de petits vers grisâtres, que l'on met soudain sur des feuilles détachées d'un arbre qu'on appelle mûrier, qu'ils aiment de préférence pour leur nourriture. Ils grossissent vite, car aussitôt qu'ils sont nés, ils se mettent d'un grand appétit, à manger de ces feuilles, et ils en mangent tout le long de la journée. Au bout de neuf à dix jours, leur peau se détache, et ils paraissent beaucoup moins hideux avec leur robe nouvelle. Ils en changent encore de sept jours en sept jours. Ils commencent bientôt à perdre leur blancheur, ils deviennent jaunâtres et transparents, leur corps grossit et se ramasse, et ils cessent absolument de manger. C'est le temps où ils se disposent à se mettre à l'ouvrage : ils grimpent le long des petits brins de genêt ou de bruyère, qu'on plante autour d'eux en forme d'arcade, et attachent d'abord de tous côtés des soies qu'ils filent un peu grosses, pour y suspendre leur coque. Ils en forment l'intérieur avec une espèce de bourre qu'on nomme fleuret ; puis, au-dessous de cette enveloppe grossière, ils commencent leur véritable coque, en appliquant des fils plus déliés à cette bourre, qu'ils foulent continuellement avec leur tête, pour donner à l'intérieur de leur édifice une forme ronde, et de la capacité d'un œuf de pigeon.

Dès le premier jour, ils se dérobent entièrement à l'œil, sous l'épaisseur de leur travail; mais la besogne n'est pas encore achevée. Il leur faut un ou deux jours de plus pour terminer en dedans leur ouvrage. Le dernier tissu qui les environne immédiatement est le plus difficile, car il est plus serré que l'étoffe la mieux fabriquée. C'est de ces coques, appelées ordinairement cocons, que l'on tire d'abord le fleuret, qui sert à faire la filoselle, et ensuite la soie employée dans nos ameublements et dans nos habits. Si nous venions à perdre ces insectes, il n'y aurait plus ni satin, ni taffetas, ni velours. Pour tirer la soie, on jette dans l'eau bouillante tous les cocons, exceptés ceux que l'on réserve pour avoir des œufs. Les ouvriers accoutumés à ce travail ont bientôt trouvé le premier bout; ils sont obligés de joindre plusieurs brins ensemble pour en faire un d'une grosseur raisonnable, et ils le dévident avec de petites bobines. Croirait-on que chacun de ces fils a près de mille pieds de longueur! Quant au reste des opérations fort nombreuses que subit la soie avant d'être mise, avec tous ses apprêts de solidité, de couleur, et des autres circonstances, entre les mains des ouvriers en soie qui l'exploitent, c'est ce qui ne peut être développé ici, et ce que l'on fera bien de voir dans les grandes manufactures, où l'on peut suivre la soie, depuis son état de soie grége, c'est-à dire sortant de dessus le cocon, jusqu'à sa pleine transformation en ces beaux tissus qui font la beauté et la meilleure richesse de nos vêtements.

Les tissus de soie étaient en usage en Chine et dans l'Inde, bien longtemps avant leur introduction dans l'Occident. La Grèce et l'Italie nous les firent connaître vers l'époque des croisades ; Louis XI voulut en acclimater l'industrie en Touraine, et il y établit, en 1470, des manufactures qu'il peupla d'ouvriers enlevés à Gênes, à Florence, et même à la Grèce. La première fabrique de Lyon avait été établie par François Ier. Pendant l'occupation du Milanais, quelques Français, attirés par la curiosité à Milan et à Florence, ayant remarqué les ressources considérables que la fabrication de la soie avait procurées à ces villes, déterminèrent plusieurs ouvriers à les accompagner à Lyon. Le travail de la soie ne paraît pas avoir pris tout de suite une grande extension, car les écrivains du temps citent, comme une parure extraordinaire, les premiers bas de soie que le roi Henri II porta, en 1559, lors du mariage de sa sœur Marguerite. Henri IV fit planter des mûriers dans le jardin des Tuileries, à Fontainebleau, et dans les autres domaines ; il encouragea les fabriques de Lyon, qui n'ont cessé de [prospérer depuis ; c'est toujours à Lyon que la soierie est exécutée avec une supériorité qui n'est guère égalée en Europe. Il y a, en particulier, un genre d'étoffe de soie qui joue un grand rôle dans le commerce de Lyon ; c'est le taffetas ; on doit son origine à un hasard assez curieux, et que voici :

Il y avait, au commencement du dernier siècle, un

marchand de soie établi à Lyon, nommé Octavio Maï, homme intelligent et attaché à son commerce; mais une succession d'événements malheureux le mit dans la position la plus inquiétante, d'autant plus qu'il connaissait le danger d'une indiscrétion qui n'eût fait que consommer sa ruine. Un jour que, seul dans sa boutique, il s'occupait tristement des suites du discrédit dans lequel il allait tomber, et que, sans y penser, il retournait entre ses dents une petite touffe de soie écrue que le hasard lui avait fait trouver sous la main, et qu'enfin, il avait crachée assez près de lui, il fut surpris de remarquer une espèce de lustre extraordinaire, qui le frappa au point de le tirer de sa rêverie. Il ramasse l'objet, l'examine, et, se rappelant les circonstances qui avaient pu produire ce singulier résultat, il reconnaît dans le fait d'avoir mâché la soie entre ses dents, à travers une liqueur visqueuse, comme la salive, et avec une chaleur modérée, la cause du changement qui s'est produit dans l'étoffe. L'habile négociant saisit cette idée, se met à l'œuvre, et, par des procédés analogues à celui qui l'avait mis sur la voie, il ne tarde pas à produire ces taffetas brillants et lustrés, qui depuis ont rendu les manufactures de Lyon si célèbres.

3. — Le métier à la Jacquart.

C'était un triste spectacle, que celui du métier à tisser avant Jacquart. Imaginez, dans un espace de deux à trois mètres carrés, et descendant du plafond jusqu'au sol, un labyrinthe de cordes de toutes dimensions, de fils de toutes couleurs, tour à tour soulevés, abaissés, tirés, croisés, noués, séparés par une infinité d'outils, aiguilles, crochets, poinçons, ressorts, poulies, cylindres, et qui viennent aboutir à une série de lourdes pédales de bois. L'ouvrier était là, frappant à la fois des pieds et des mains son vaste et pénible instrument. Un enfant le secondait et s'épuisait dans un travail excessif. Jacquart modifia cet instrument si pénible ; il rendit possible ce grand travail, nécessité pour la confection des soieries. — Les machines, particulièrement celles auxquelles on a appliqué la vapeur comme force motrice, sont un bienfait pour l'industrie, d'abord parce qu'elles diminuent de beaucoup l'intensité du travail, ensuite parce qu'elles répandent les produits en plus grande abondance et à meilleur marché. On a dit qu'elles ôtaient l'ouvrage à beaucoup de bras ; mais il faut penser que l'activité industrielle étant augmentée, la compensation s'établit, et que la répartition du travail en multiplie les occasions.

4. — Tissus incombustibles.

Une découverte, dont les résultats pratiques auraient pu être immenses, celle des tissus incombustibles, a été faite en 1852. — A la suite de longues études et d'essais réitérés, un savant a trouvé un procédé pour rendre les tissus à la fois incombustibles et imperméables. De cette façon les toiles, ainsi préparées, auraient la propriété de résister au feu et de repousser l'eau et l'humidité. Dans l'expérience qui a été faite, un morceau de toile, ainsi préparé, a été plongé à trois reprises consécutives, dans un bain de térébenthine double, et soumis à l'action de la flamme ; il est sorti souple, flexible et intact de cette redoutable expérience. Un autre morceau de toile a été jeté sur un ardent brasier de houille et le brasier s'est éteint. L'imperméabilité n'a pas été moins évidemment démontrée. Un vase fait avec cette toile conserve l'eau aussi bien qu'un récipient de terre ou de métal. Le tissu qui a réuni ces deux qualités opposées est une toile à voile ordinaire, à double trame et à quatre fils. Cette découverte, que l'inventeur aurait appelée amiante végétal, serait utilement employée pour les campements militaires, les bâches des messageries et des wagons, les voiles des navires et surtout celles des bateaux à vapeur, les toiles et les tentures de théâtres; enfin, dans tous les cas où l'action du feu et celle de l'eau sont à redouter également. Nous ne saurions garantir le plein résultat de ces expériences. Faut-il croire que l'on pourra, grâce à cette sorte de bouclier, traverser l'eau comme les poissons, braver le feu comme les salamandres, et se moquer de la pluie comme Gribouille, lequel, comme vous le savez, se jetait à l'eau de peur de se mouiller?

C'est qu'en effet la découverte des tissus incombustibles ne paraît pas avoir fait de grands progrès depuis l'époque où les journaux l'ont annoncée. Beaucoup de chimistes avaient, d'ailleurs, essayé d'atteindre ce résultat. Gay-Lussac a indiqué, dans les annales scientifiques de l'époque, divers procédés d'incombustibilité; mais ils ont été reconnus insuffisants. Du reste, le principe sur lequel repose cette découverte est élémentaire en physique. Il est reconnu que la combustion réside uniquement dans la combinaison d'un corps avec l'oxygène, et que ce phénomène était, en général, accompagné de lumière et de chaleur, parfois aussi d'électricité. Cette combinaison de l'oxygène avec un corps fait que ce dernier est qualifié de combustible. Pour qu'un corps soit incombustible, il s'agit d'empêcher toute combinaison de l'oxygène avec ce corps, ou de trouver le moyen d'en isoler ce gaz. Il ne faut pas, bien qu'on en soit étonné, regarder comme impossibles les progrès des découvertes ; il s'en est opéré dans ce siècle un si grand nombre, qui confondent l'imagination, qu'il faut vraiment tout attendre des forces de la science, dans certaines limites toutefois. L'existence réelle de tissus incombustibles n'a rien qui doive surprendre après les prodiges opérés par la vapeur.

5. — Caoutchouc et Gutta-percha.

On a trouvé certaines substances qui, préparées, font l'office de tissus et sont surtout imperméables. C'est d'abord le caoutchouc. Dans son origine, le caoutchouc est un suc laiteux qui s'écoule de plusieurs arbres de l'Amérique méridionale et de l'Asie, quand on leur fait une incision assez profonde, jusque sous l'écorce. Le liquide, reçu dans des moules, durcit au contact de l'air et de la chaleur, et nous est envoyé sous forme de masses compactes. On ne se sert guère du caoutchouc à l'état liquide. On estime surtout le blanc qui vient des forêts du Brésil. Celui de Java, de la Cochinchine et d'autres contrées offre des nuances plus ou moins foncées ; il est plus difficile à travailler et laisse plus de déchet que le caoutchouc blanc et dense qui est seul propre à être transformé directement en fils ronds. L'existence du caoutchouc nous a été révélée vers 1750, par la Condamine. Les premiers essais industriels faits sur cette matière n'ont pas cinquante ans de date, et eurent si peu de succès, qu'il y a trente ans encore, elle n'était employée qu'à effacer le crayon et comme objet de curiosité. Depuis lors le travail du caoutchouc a pris un développement extraordinaire ; ses applications, loin d'être épuisées, sont, au contraire, innombrables. C'est par millions que l'on compte la valeur des produits qui en dérivent.

La gutta-percha, substance résineuse, est fournie par le percha, grand arbre qui croît dans les îles de l'Asie. En mêlant la gutta-percha et le caoutchouc on obtient une matière très-résistante qui convient pour les objets exigeant plus de rigidité que le simple caoutchouc. On n'a guère commencé à exporter la gutta-percha, d'Asie en Europe, qu'en 1844. Depuis quelques années l'industrie en a considérablement multiplié les applications. On en fait des tubes, des lanières, des courroies et des vases ; on s'en sert pour envelopper les fils télégraphiques sous-marins. La gutta-percha, comme le caoutchouc, est imperméable à l'eau. — On fabrique, avec la gutta-percha, des vases de toutes sortes, propres à renfermer des liquides quelconques, et qui n'ont pas la fragilité des vases de grès ou de porcelaine. Il convient aussi pour le moulage des médailles et bas-reliefs qu'on reproduit par la galvanoplastie. C'est à l'emploi de cette substance que cette invention doit la plus grande partie des immenses progrès qu'elle a réalisés dans ces dernières années. On voit comment, par l'enchaînement des découvertes, celles qui, d'abord, semblent d'une importance assez faible, finissent par occuper une grande place dans le commerce et dans l'industrie, et comment aussi s'augmentent de plus en plus l'activité et le travail de l'homme.

5.

6. — Teinture et Blanchiment.

L'art de teindre remonte aux temps les plus anciens. Ce sont les Phéniciens qui teignirent les premiers, avec la pourpre, les étoffes de laine et celles de lin. Les teintureries de Tyr et de Sidon, ainsi que les laines teintes de Thèbes, étaient renommées dans l'antiquité. On voit au musée égyptien, à Paris, des chemises et des robes de femme, singulièrement conservées pour un temps si reculé, et que l'on peut admirer pour le maintien et la persistance des couleurs autant que pour la finesse du tissu. Il est beaucoup parlé de la pourpre et des diverses teintures dans les écrivains romains. Les temps modernes avaient peu à inventer dans ce genre d'industrie. Au moyen âge cet art dégénéra; il se releva au seizième et au dix-septième siècle, époque à laquelle les institutions de Colbert lui donnèrent une grande extension. Les progrès de la chimie, dans notre siècle, n'ont pas été étrangers au développement qu'il a pris de nos jours. — Les couleurs servant à la teinture se tirent le plus ordinairement de la garance et du bois de Campêche, du safran, de l'indigo, de la noix de galle; les couleurs animales viennent de la cochenille et du kermès; les couleurs minérales naissent des sels de cuivre et de fer.

7. — Le Chlore.

La découverte du chlore, qui a exercé une si grande influence sur les progrès de la chimie, ne remonte pas au delà de l'année 1774; elle est due au célèbre chimiste suédois Schéelle. Jusqu'en 1809 on regarda le chlore comme un corps composé. Gay-Lussac et Thénard prouvèrent qu'il était un corps simple, c'est-à-dire ne contenant qu'une seule espèce de matière. C'est à Berthollet qu'on doit les applications importantes du chlore au blanchiment des tissus de lin, de chanvre et de coton, de la pâte à papier, etc. Le chlore exerce surtout une action énergique sur les matières colorantes organiques; le plus stable de tous les principes colorants, l'indigo, est rapidement détruit par le chlore. Il en est de même de l'encre ordinaire, qui est une combinaison d'oxyde de fer avec un acide qui se trouve dans la noix de galle; cet acide est décomposé par le chlore, de sorte qu'on blanchit aisément les papiers écrits à l'encre ordinaire en les trempant dans de l'eau de chlore. L'encre est remplacée par du protoxyde de fer d'un jaune de rouille très-pâle. On pourrait faire reparaître les caractères en bleu, en plongeant le papier dans une dissolution de prussiate de potasse : on termine par un lavage à grande eau. L'encre d'impression ayant pour base le charbon, n'est pas altérée par le chlore; aussi peut-on blanchir au chlore les vieilles gravures et les vieux livres. Au contraire, ceux qui veulent donner un air d'ancienneté à des gravures neuves, les exposent à la fumée, et surtout à la fumée de tabac.

CHAPITRE VI.

1. — L'Architecture en général.

On a vu jusqu'ici comment les principaux objets de la nature donnaient naissance à un grand nombre de travaux dans lesquels s'était signalé le génie industriel ; maintenant il faut revenir sur ces divers objets, en rappelant, avec un peu de détails, quelques-unes de ces applications qui élèvent et honorent la société, et même qui la rendent possible. C'est ainsi que nous avons considéré les matériaux qui servent au bâtiment ; mais le bâtiment lui-même, les constructions que l'homme a eu l'idée d'élever, voilà ce que nous devons aborder ici. Après un aperçu rapide tenant à l'histoire de l'architecture, nous attachant aux simples détails, nous dirons ce que l'industrie a su faire pour donner aux villes les meilleures conditions de salubrité, pour les paver, leur donner des ponts, fabriquer les puits artificiels, les endiguements et assurer les diverses localités contre les inondations dont le retour est trop fréquent et trop funeste.

L'architecture ou l'art de bâtir, se divise, suivant ses usages, en trois grandes sections : civile, qui a pour objet la construction des édifices propres aux usages de la vie, tels que maisons, temples, palais, théâtres ; militaire, art

de fortifier les villes et de préparer les moyens d'attaque
et de défense des places; navale, qui regarde la construction des navires, des ports, des magasins, des chan-
tiers. — Tous les peuples ont eu leur architecture, qui a
été, jusqu'à un certain point, l'expression de leur civilisation. L'architecture des anciens Égyptiens était très-solide
et colossale. Les pyramides d'Égypte, encore debout après
tant de siècles, sont les plus anciens monuments de l'ancien monde. L'art des Indiens offre aussi un grand caractère; leurs temples ou pagodes sont taillés dans le roc et
leurs monuments se font remarquer par le luxe des figures humaines et des divinités allégoriques. L'architecture
chinoise, invariable depuis des siècles, est reconnaissable
à ses toits terminés en pointe, rappellant les tentes et
les pavillons qui lui ont servi de modèles. La Grèce fut,
surtout au temps de Périclès, le siége de la plus belle architecture; c'est à ce pays que nous devons les trois ordres principaux : dorique, ionique et corinthien. En Italie, les Étrusques ont introduit l'ordre toscan, qui déri-
vait de l'ordre dorique. Les Romains y ont ajouté le composite, mélange des précédents. L'architecture du moyen
âge se divise en deux époques générales : celle dite byzantine, avec des voûtes et des croisées en cintre, et ensuite la gothique, où le cintre a été remplacé par l'ogive.
Au seizième siècle, le genre de l'architecture antique re-
naît en Europe et d'abord en Italie.

2. — Quelques constructions de diverses époques à Paris.

Le plus ancien monument d'architecture de Paris est
le palais des Thermes, rue de la Harpe, précieux débris
pour l'histoire et l'archéologie, qui date du quatrième

siècle de notre ère. — Il n'y a rien qui se rattache aux deux premières races. Les nombreuses églises de cette époque ont presque toutes disparu à des temps plus ou moins reculés. D'une époque ancienne nous n'avons guère qu'une seule église, celle de Saint-Germain des Prés, monument d'ailleurs dénaturé par les adjonctions et les ornements de tout style qu'il a reçus. Elle paraît, dans sa partie ancienne, avoir été terminée en 1014 ; elle est dans le style de l'architecture romane, à l'arc cintré. Au douzième siècle, elle fut reconstruite dans toute sa partie supérieure, pour lui donner le caractère de l'ogive ou de l'arc brisé. — La cathédrale de Paris fut fondée vers l'année 1030, et terminée seulement en 1312. Elle a cinq nefs, c'est-à-dire qu'elle a un double rang de bas-côtés. Les deux tours carrées du portail ont soixante-cinq mètres d'élévation. Il règne un grand nombre de piliers avec des colonnes engagées qui montent du pied à la voûte. L'ordonnance du portail est l'une des plus belles qui se puissent rencontrer. Il se compose de trois portes dont la principale, placée sous de profonds arceaux gothiques, offre un grand luxe d'ornementation et des sculptures remarquables pour leur siècle. Au-dessus de la grande rose s'étend un péristyle formé de colonnes minces et légères, supportant une galerie à balustrade sur laquelle reposent les deux tours avec leurs longues ogives lancéolées, et couronnées l'une et l'autre par deux plates-formes d'égale dimension.

On regarde avec raison la Sainte-Chapelle de Paris, comme un des plus beaux monuments du moyen âge en France. Saint Louis, à la plus grande époque de son règne, avait ordonné cette construction pour y placer les reliques augustes qui sont encore la gloire de l'église de Paris. Il y avait prodigué tout le luxe du temps, la sculpture, la peinture, l'or et l'émail. Le monument en lui-même est très-beau. On n'y voit qu'une seule nef, avec une voûte très-hardie et de vastes ogives. Le clocher, qui se faisait remarquer par sa hardiesse, a été détruit. On a fait récemment de grands travaux de peinture murale dans cette église, selon le goût du siècle dans lequel l'édifice a été construit. — Les quatorzième et quinzième siècles comptent à Paris quelques monuments : l'église Saint-Severin, Saint-Gervais, Saint-Germain l'Auxerrois, Saint-Merry, la tour Saint-Jacques, l'hôtel de Cluny. Ce dernier hôtel, qui est consacré à un musée d'archéologie très-curieux, marque l'époque de transition entre le moyen âge et la renaissance. L'ogive y domine encore, mais l'ogive à sa dernière époque, se rapprochant de la forme carrée dans les fenêtres malgré le sommet pyramidal qui les termine. On admire surtout la chapelle gothique au premier étage sur le jardin. — Le seizième siècle, celui de la Renaissance, est signalé par les plus grands monuments de Paris : Saint-Eustache pour les églises, le Louvre et les Tuileries pour les palais. Saint-Eustache a cinq nefs et des voûtes très-élevées. Les arches sont cintrées ainsi que les voûtes, excepté dans l'abside, où la forme est restée ogivale. Les piliers, mêlés de colonnes, ont des formes capricieuses, par lesquelles on a voulu remplacer les piliers et les colonnettes de l'âge précédent.

La Renaissance a excellé surtout dans les monuments de l'architecture royale; elle a élevé de grands palais dans Paris. Le Louvre a été construit, sur l'emplacement d'un ancien château qui datait de Philippe-Auguste, sous les règnes de François Ier et de Henri II. Ces rois firent seulement une partie du palais (la moitié de la façade qui est du côté de l'eau et la moitié de celle qui regarde les Tuileries, jusqu'au gros pavillon surmonté d'un dôme qui est opposé à l'aile de la colonnade). Cette partie, appelée le Vieux-Louvre, est la seule partie qui ait été entièrement achevée du côté de la cour, sur les dessins de Pierre Lescot. La façade offre un ordre corinthien, surmonté de deux composites, dont l'un est attique. Jean Goujon, un des grands statuaires d'alors, a décoré de beaux bas-reliefs la façade du Vieux-Louvre. — Les Tuileries datent de la même époque. Ce fut la reine Catherine de Médicis qui fit construire le gros pavillon du milieu et les deux corps de logis qui sont de chaque côté. — L'Hôtel de ville, sur la place dé Grève, est de la même époque. Sa façade (il s'agit de la partie ancienne) offre l'aspect d'un grand bâtiment flanqué de deux pavillons plus élevés sur le comble. Cette façade est, au premier étage, percée de treize fenêtres ornées de niches dans lesquelles on a placé les statues d'illustres personnages, célèbres dans l'histoire de France. Les ornements y abondent; l'ordre corinthien est employé à l'étage inférieur. — Il y a peu de souvenirs du seizième siècle dans les hôtels de Paris; on en peut citer quelques-uns pourtant qui ont résisté aux démolitions que les agrandissements de Paris ont nécessitées. Les amateurs feront bien de visiter ces débris de la vieille France historique à Paris; mais il ne faut pas perdre de temps. Le vieux Paris se renouvelle d'une manière si étonnante !

Il vous sera peut-être curieux de connaître les diverses formes qu'a prises en France, non plus le monument public, mais la maison particulière, telle que nous l'habitons. D'abord, sous la première race, la maison, encore gallo-romaine, devait avoir les caractères de l'antique maison romaine. L'atrium, ou cour centrale, et les appartements à l'entour, sans façade extérieure qui attirât les regards. Sous les Carlovingiens, la maison, devenue plus étroite, plus resserrée, plus semblable à une forteresse, est comme un symbole en petit de la féodalité alors croissante; partout d'étroites fenêtres, le cintre partout, avec des voussures multipliées comme aux portails des églises romanes. Au treizième siècle, la maison prend le caractère de l'architecture en vogue : l'ogive aux portes et aux fenêtres, les murs épais, les tourelles qui flanquent les angles de l'édifice, lequel, lui-même, se développe carrément avec d'assez justes proportions. Au quinzième siècle, il est facile de se représenter la vieille cité, ses maisons construites avec des chevrons croisés, les murs de mortier, les hauts pignons, la porte ogivale et les fenêtres carrées, surmontées du pinacle aigu, souvent revêtu d'ardoises; maisons étroites, serrées les unes contre les autres, dont chaque étage, s'avançant sur la rue, surplombe sur l'étage inférieur. Ces maisons ont disparu à Paris; la province en conserve un bon nombre dans ses vieilles villes, Nantes, Rouen, Strasbourg, Angers, Thiers, en Auvergne. La renaissance, au seizième siècle, change la manière de bâtir les maisons comme elle a renouvelé l'architecture des palais; l'ogive tombe, la fenêtre devient carrée, séparée par des meneaux; les gargouilles et les autres ornements de la transition, se montrent sur les facades ; les ordres grecs luttent contre la forme gothique, à peu près déchue ; les escaliers à vis, tournant sur un pilier prolongé du haut jusqu'en bas, donnent entrée à de vastes chambres qui réunissent la riche variété du mobilier à la splendeur des décorations. Pour le dix-septième siècle, on a la place Royale, commencée en 1604, par ordre de Henri IV. Cette place, avec ses édifices uniformes, bâtis de briques et de pierres, sur arcades, est un monument encore subsistant de la première moitié du dix-septième siècle dans ce Paris tant renouvelé ; c'est la plus fidèle évocation que les Parisiens puissent se donner de l'aspect de Paris à cette époque depuis si longtemps disparue.

Un grand nombre des édifices que l'on visite et que l'on admire à Paris, datent du dix-septième siècle, du règne de Louis XIV. C'est à cette époque que les palais des Tuileries et du Louvre furent terminés, sans parler des galeries qui les unissent et qui appartiennent à un autre âge. Une des plus belles choses en architecture est la colonnade du Louvre, élevée sur les dessins de Perrault. C'est assurément une des plus grandes choses qu'ait produites l'architecture moderne. L'ordre corinthien qui la compose est de la plus admirable proportion. Quand on se promène sous la galerie, on admire la beauté des lignes de l'architecture, la simplicité des ornements, la hauteur du plafond, la richesse du pavé de marbre. On admire aussi avec quel art les ordres sont disposés dans toute la construction : l'ordre corinthien au rez-de-chaussée, l'ordre composite au-dessus ; pour le second étage, un troisième ordre dans la proportion corinthienne ;

puis au sommet, une balustrade dans le goût italien. — Le palais du Luxembourg est un grand ouvrage de la première moitié du dix-septième siècle, construit par la reine Marie de Médicis, dans le goût du temps. — Quant aux monuments du règne de Louis XIV, il y a l'église et le dôme des Invalides, les portes Saint-Denis et Saint-Martin, le Val-de-Grâce et d'autres églises d'assez peu de caractère. Une grande uniformité règne dans les constructions religieuses; à l'intérieur, système de pilastres portant un entablement assez lourd, surtout dans les corniches; à l'extérieur, un portique plus ou moins élégant. On trouve ordinairement deux ordres superposés et surmontés d'un fronton demi-circulaire, ou bien d'assez beaux portails surmontés d'un dôme. Tout cela était loin de la beauté des églises gothiques.

Aujourd'hui, le bâtiment a une grande activité, et les architectes sont même très-habiles, mais on mêle à peu près tous les genres. Notre siècle a vu s'élever des monuments dans le goût antique, la Bourse, le frontispice du palais du Corps législatif, l'église de Sainte-Geneviève, et surtout la Madeleine, église magnifique dans sa construction extérieure et dans la beauté de ses portiques. On a fait de Saint-Vincent-de-Paul et de Notre-Dame-de-Lorette des basiliques romaines; Sainte-Clotilde, qui va être dédiée, est une très-belle église gothique du treizième siècle. Il en est de même des habitations : il se fait des maisons du quatorzième, du quinzième et du seizième siècle. — Enfin, le mouvement du travail architectural qui a lieu dans Paris est admirable. Que de grandes choses ont été entreprises et se réalisent en ce moment ! l'achèvement du Louvre, cette œuvre gigantesque accomplie comme par enchantement, la création d'un immense boulevard, des rues vastes, aérées ; partout des restaurations habiles et le dégagement des monuments publics. Que de travaux ! que d'activité ! La cité, l'île de de Paris, a été renouvelée presque entièrement. La cathédrale, dont le portail restauré se montre dans sa splendeur première, a été isolée autant que possible. Les deux extrémités de l'île, véritable navire parisien, sont délivrées de tout encombrement. Maintenant cette vaste région de Paris offre un grand aspect, quand, placé sur les beaux et larges trottoirs d'asphalte qui vont jusqu'au Jardin des Plantes, on la considère dans son ensemble ! les deux îles, la cathédrale, les ponts, qui se multiplient et se croisent, et la tour de la Boucherie, qui domine sur la rive droite.

Toute la région des Champs-Élysées, en comprenant le bois de Boulogne, a subi d'immenses travaux, et les promenades y sont incomparables. De l'autre côté, en allant vers Bercy, de belles lignes ont été établies et plantées d'arbres le long du canal. De vastes quartiers neufs se sont formés. Ajoutez que les grandes halles, construites devant Saint-Eustache, vont rendre à la salubrité la populeuse région que traverse la rue Saint-Denis, en même temps que les abords de cette région centrale du commerce parisien ont été facilités par l'importante réparation du Pont-Neuf, cette grande artère de Paris. Sur la rive gauche, de grandes voies de communication se sont établies pour mettre les quais en rapport avec le Luxembourg, ou même avec la lointaine barrière de Fontainebleau. Tel est le but de la rue des Écoles, par laquelle l'air et la lumière seront rendus au quartier populeux de Saint-Marcel. Le boulevard intérieur de Sébastopol va compléter cette grande circulation jusqu'à la barrière. Les grandes Écoles de Paris ne seront plus reculées dans des régions inconnues, et déjà le quartier de Sainte-Geneviève subit une véritable transformation. La place du Panthéon a changé de face par les belles constructions dont elle a été ornée, surtout par la bibliothèque de Sainte-Geneviève, et enfin par la rue Soufflot, qui a mis une des grilles du jardin du Luxembourg en perspective avec le portique de la grande église patronale de Paris.

3. — Le Pavage.

Les rues de Paris ne furent pavées que sous Philippe-Auguste; c'est-à-dire qu'on en pava seulement deux, celles situées au centre de la ville, qu'on appelait la croisée de Paris, parce qu'elles se croisaient, l'une allant du sud à l'ouest et l'autre de l'est à l'ouest. En creusant un égout dans la rue Saint-Denis en 1832, on a trouvé à 25 centimètres du sol actuel, les vestiges de ce pavage, qui se composait de larges blocs de pierre et de grès. Pour les autres rues, elles restèrent longtemps encore de véritables cloaques; des troupeaux de porcs étaient seuls chargés du soin de diminuer les immondices. Peu à peu cet état déplorable s'améliora, et les carrières d'Orsay, de Billancourt et de Fontainebleau furent mises à contribution pour assainir la capitale. Le pavage se fait ordinairement en grès; mais en Hollande et à Venise on se sert de briques; dans quelques endroits où l'on craignait le bruit, on a aussi employé le pavage en bois. Mais ces essais n'ont pas réussi. Le bois est abandonné presque partout; il est remplacé par le macadam, c'est-à-dire par un cailloutage revêtu d'une couche de bitume, qui paraît même devoir détrôner le pavage en grès, malgré les nombreux désavantages qui l'accompagnent : la poussière en été et la boue en hiver. On ne saurait s'empêcher d'admirer la voirie de Paris. Les rues qui ont été ouvertes avec tant de grandeur, les pavés, les sables qui les couvrent, les aplanissements, les belles chaussées à dos d'âne pour l'écoulement des eaux, les larges trottoirs soit en macadam, soit en pierre de taille qui maintenant sillonnent tout Paris de toute barrière à toute autre, font, autant que les monuments eux-mêmes, de notre capitale, la cité la plus commode, la plus saine, en même temps que la plus splendide de l'univers.

4. — Ponts.

Les ponts sont des constructions servant au passage des cours d'eau. Les ponts de pierre se composent d'un tablier en maçonnerie, reposant sur des arches, soutenues elles-mêmes par des piles. On appelle culées les massifs qui terminent le pont aux deux extrémités, et qui soutiennent la portée de toute la construction. Les arches furent d'abord construites en plein cintre; celle du milieu étant plus haute que les autres (ce qui obligeait d'établir des pentes fort roides), on les fit ensuite en cintre surbaissé en forme d'anse de panier, ce qui permet d'étendre le tablier horizontal; tels sont le pont de Neuilly, le pont d'Iéna, etc. Les premiers ponts de fer ne différèrent des ponts de charpente à piles de pierre que par l'emploi de la fonte au lieu de bois; tel est à Paris le pont des Arts, fait en 1804. — L'art de bâtir les ponts remonte à une très-haute antiquité; mais pendant longtemps on ne les fit qu'en bois. A Rome, les prêtres ayant été chargés de bâtir le pont Sublicius, furent appelés pontifes; les Grecs qui avaient trouvé la voûte, furent les premiers à construire des ponts de pierre; les Romains, perfectionnèrent cet art. Le pont du Gard, et le pont du Danube ont été construits sous Trajan. En France, avant le treizième siècle, on ne traversait guère les rivières qu'à l'aide de bacs; à cette époque, on vit se former en France et en Allemagne, plusieurs associations religieuses dites des Frères du Pont ou Pontifices, qui, à l'aide des sommes obtenues de la piété des fidèles, construisirent un nombre considérable de ponts, mais presque tous en bois. Le premier pont de pierre de Paris paraît avoir été le pont Notre-Dame; il date de 1412.

5. — Fontaines et puits.

L'industrie, en matière de construction, a beaucoup à s'occuper des eaux; il y a un industriel qu'on appelle le fontainier, lequel, par des principes certains et à la suite de beaucoup d'expériences, amasse les eaux dans un réservoir, relève leur pente et les conduit au lieu destiné; il connaît la vitesse et la force des eaux jaillissantes et les calcule pour en savoir la dépense; il donne une juste proportion aux tuyaux pour former ces beaux jets d'eau, qui s'élèvent dans l'air et charment les regards. — La plus curieuse invention relative à la direction des eaux est celle des puits artésiens. On les a appelés de ce nom parce qu'on les trouve en grand nombre creusés très-anciennement en Artois. Ce sont des trous très-profonds que l'on creuse en terre jusqu'à ce que l'on ait atteint un amas d'eau où une rivière souterraine dont l'eau, qui vient d'un pays plus élevé ou d'une montagne, tend à remonter au même niveau. Le puits livre à cette eau, par un diamètre d'environ deux ou trois décimètres, une issue par laquelle elle arrive à la surface de la terre. On se sert de ces puits pour fournir de l'eau potable aux pays qui en manquent, pour servir aux irrigations des prairies, ou pour alimenter quelque machine. — Cet art des puits forés n'est pas nouveau. Dès la haute antiquité, on en a creusé en Égypte, dans les oasis du Sahara, en Syrie, en Perse, en Chine. On cite un puits artésien dans un couvent de Chartreux à Lillers (Pas-de-Calais), qui remonte à 1126; mais ce n'est que depuis 1418 que l'on s'est mis à forer des puits; et maintenant, c'est une industrie très en usage.

Le puits de Grenelle a une profondeur de plus de cinq fois la hauteur de la colonne Vendôme, et qui dépasse de 98 mètres ou 302 pieds la hauteur de la pyramide la plus élevée de l'Égypte; c'est un quart de lieue environ. Or, il faut remarquer que telle étant la profondeur du puits, telle a dû être aussi la longueur de l'outil employé par l'ingénieur pour opérer son percement. Aussi ne sera-t-on pas surpris d'apprendre que cette sonde, quoique formée de barres de fer grosses comme des essieux de voiture, s'est brisée dans le trou jusqu'à trois fois, et que ce n'est qu'après des travaux inouïs, qu'on est parvenu à en arracher tous les morceaux. Les dépenses, jusqu'au moment où l'eau a jailli, se sont élevées à 160,000 francs. Cette eau est très-abondante et elle ressemble à un véritable torrent; on l'évalue environ à 3 mètres cubes par minute, ou 4,320 mètres cubes dans les vingt-quatre heures. Le premier jour, elle a converti en rivière une des rues de l'abattoir de Grenelle, et il a fallu s'occuper aussitôt de lui creuser un fossé pour la conduire dans un égout. Sa chaleur étant de 28 degrés, elle fume comme l'eau des sources thermales. Il faut voir ce beau travail pour s'en faire une juste idée et l'apprécier ce qu'il vaut. On s'étonne à la vue de ce torrent d'eau chaude sortant par bonds des entrailles de la terre et formant comme une petite rivière en produisant des vapeurs abondantes. L'eau est distribuée par des conduits dans les établissements publics du faubourg Saint-Germain. Elle est égale en quantité à la moitié de celles que fournissent la ville de Paris et toutes les machines hydrauliques.

6. — Endiguements.

Parmi les admirables travaux qui renouvellent Paris depuis quelques années, il faut compter comme chefs-d'œuvre d'art et d'industrie tout ce qui s'est opéré dans Paris pour la navigation de la Seine. Cette rivière, il y a peu d'années, si difficile à traverser à cause des atterrissements qui arrêtaient ses flots, coule maintenant dans un cours plus régulier en même temps qu'il est purifié. Les ouvrages exécutés dans l'espace qui sépare le Pont-Neuf et le Pont des Arts ont pour objet de resserrer le lit de la Seine, et de maintenir les eaux à un niveau constamment plus élevé et de faciliter ainsi la navigation. On a fabriqué des écluses pour donner passage aux bateaux qui montent ou descendent, et pour maintenir dans le bassin de la Seine en amont du pont une quantité d'eau qui permette une navigation constante. Dans ce but on a dragué, c'est-à-dire creusé, à l'aide de machines industrielles, le fond de la rivière, afin d'enlever les pierres et la terre qu'y accumulent les atterrissements ; de plus, sur le côté gauche, on a detourné le cours de la Bièvre, qui versait dans la Seine une quantité infinie d'immondices ; les eaux de cette rivière passent maintenant dans un égout souterrain, sans toucher aux eaux de la Seine, où elles doivent se jeter près de Grenelle. Au-dessus de cet égout on a fabriqué le chemin de halage pour tirer les bateaux avec des câbles, chemin qui auparavant existait, au grand détriment des promeneurs dans Paris, à l'extérieur sur l'emplacement du trottoir. Il est vrai que, grâce au progrès industriel et aux bateaux remorqueurs, qui, à l'aide de la vapeur, traînent les bateaux à leur suite, le halage est un vieux procédé qui tend à disparaître.

7. — Les inondations de 1856.

Puisque nous sommes sur le sujet des constructions qui ont pour objet de diriger l'eau, de la passer et de la retenir par des endiguements (des digues, c'est-à-dire toutes constructions formées de pierres, de terre, de charpente, de pieux, de fascines, destinées à s'opposer à l'effort des eaux), nous sommes amenés à considérer quelle nécessité il y a pour l'industrie de s'occuper à mettre les rives dés fleuves à l'abri du ravage dont elles sont trop souvent la proie dans les temps d'inondation. A ce sujet on lira avec intérêt un détail des désastres qui ont signalé les inondations de 1856. Voici quelques épisodes recueillis dans les journaux du temps. — Le 31 mai restera une date fatale dans l'histoire de Lyon. Lorsque la digue de la Tête d'Or s'est rompue, l'eau a envahi le quartier bas des plaines de l'est avec une rapidité inouïe. Le tocsin sonnait sur plusieurs points, les cris d'alarmes se propageaient au loin ; mais le fléau courait plus vite sur la terre que le son dans l'air. Les gémissements, les sanglots éclataient de toutes parts ; des femmes cherchaient leurs maris, leurs enfants ; ceux-ci appelaient leurs mères. Une femme circulait tenant contre son sein un enfant au maillot ; ce n'était pas le sien ; on le lui avait donné à garder, et elle cherchait à lui retrouver ses parents, qui en avaient été séparés. Il faut prendre au hasard parmi les actes de dévouement qui ont eu lieu dans ce desastre. M. X., dont la famille habité pendant l'été une maison située aux Charpennes, avait, pendant toute la nuit du 30 au 31 mai, travaillé à la consolidation de la digue, lorsqu'elle se rompit tout à coup. M. X. s'étant emparé d'un bateau, se dirige vers sa maison, où se trouve toute sa famille, et sauve sa mère et ses deux plus jeunes enfants. Mais, tandis qu'il les conduit en lieu sûr, l'inondation fait de nouveaux ravages ; des maisons se sont écroulées, et pendant deux heures le malheureux père lutte vainement pour atteindre sa maison qui renferme encore sa femme et sa fille.

Cependant les deux femmes étaient parvenues à se hisser sur un arbre ; elles lui tendent les bras en l'appellant ; mais chaque mouvement imprimé au bateau pour le faire avancer, le faisait heurter contre un mur caché dans l'eau, et le repoussait en arrière. **M. X.** amarre son embarcation à un tronc d'arbre, se jette dans les flots, et atteint bientôt l'arbre sur lequel se sont réfugiées les deux femmes. Alors se passe une de ces scènes que la plume ne peut rendre. Le malheureux nageur ne peut sauver qu'une seule personne, et la mère et la fille veulent chacune céder leur place à l'autre ; les moments sont précieux : l'arbre craque, quelques minutes encore et il va se briser. Pendant cette lutte de dévouement héroïque, **M. X.** apercevant une barque montée par des pontonniers, pousse des cris désespérés ; il est entendu, et bientôt cette mère et cette fille, si dignes l'une de l'autre, serrent dans leurs bras les parents qu'elles n'espéraient plus revoir. — A peu près au même moment, une femme portant deux enfants sur les bras, tandis que le troisième est suspendu à ses épaules, descend à la hâte de sa maison pour entrer dans une barque qui l'attend en bas. Au moment où elle pose son pied sur le dernier escalier, il s'écroule ; un enfant lui échappe et tombe dans l'eau ; elle veut le retenir, mais dans ce brusque mouvement les deux autres glissent et coulent dans les flots ; la malheureuse mère voit périr sous ses yeux ses trois enfants.

Les mêmes désolations eurent lieu à Orléans, à Tours, à Nantes et sur tout le cours de la Loire et du Loiret. Au pont d'Olivet, près d'Orléans, on voyait à peine, au niveau des eaux tumultueuses de la rivière démesurément élargie, la cime des arbres. Il n'y a plus de rivage. Tous ces bords fleuris et bordés de saules qui à cette époque de l'année offrent une vue si pittoresque, sont submergés sous une eau jaunâtre et limoneuse agitée par des courants.

Une barque, conduite par l'un des plus intrépides nageurs du pays, avait pris cinq personnes. Les passagers ne songèrent pas à prendre le large, et sans se douter du danger, longèrent le pont tout en causant avec leurs amis qu'ils trouvaient au parapet du pont. Tout à coup la barque est entraînée par un courant; elle chavire et cinq personnes sont précipitées dans la rivière. Le courant qui les avait engloutis les ramène à la surface, et après des efforts désespérés une barque parvient jusqu'à eux; mais le fléau avait gardé une victime. — Dans une localité un chien a sauvé huit personnes. Lorsque la digue se rompit, des soldats envoyés au secours, frappant aux portes avec le pommeau de leur sabre, avertissaient du danger. Dans une maison, une famille entière n'entendit pas le signal. Mais le chien veille, et s'élance sur le lit de son maître, arrache avec ses dents les couvertures. Celui-ci se réveille enfin, réunit sa famille; à peine franchissait-il le seuil de la maison, que les murs s'écroulaient.

8. — Utilité des travaux de construction.

Il est donc bien indispensable que l'industrie multiplie les travaux de construction; qu'elle étudie de plus en plus les moyens de donner plus de solidité aux chaussées, aux levées, aux diverses sortes d'endiguements. Et, en terminant ce sujet, il convient encore d'admirer la sagesse suprême qui a mis entre les mains de l'homme tant de matériaux si divers, non-seulement pour bâtir les habitations où il doit passer sa rapide existence, mais encore pour ces constructions accessoires qui assurent cette existence contre les fléaux qui la menacent incessamment. La vie de l'homme est une lutte permanente contre les éléments, contre l'eau, contre le feu, contre toutes les intempéries des saisons et les obstacles que la nature ne cesse de lui opposer. Quelle chaîne admirable de travaux l'homme n'est-il pas chargé d'exécuter dans cet ordre d'industrie ! Les terres, les pierres, les métaux, les bois, tout concourt à cette mission. L'homme sans doute n'est pas destiné à vivre bien longtemps sur la terre; il doit tendre à une patrie meilleure; mais enfin il ne lui est pas interdit, il lui est même recommandé d'embellir et d'assurer sa demeure avec les matériaux qui sont sous sa main. C'est le premier devoir de l'industrie; il ne saurait y faire défaut. Il faut qu'il y ait des temples, des palais, des habitations brillantes ou commodes; il faut que l'homme ait sur cette terre habitable un établissement d'une certaine durée, car les constructions qu'il y fonde ne sont pas seulement pour la génération qui les élève; on bâtit pour soi pendant quelques jours, mais aussi pour les générations qui suivront pendant des siècles.

CHAPITRE VII.

L'INDUSTRIE APPLIQUÉE AUX LETTRES ET AUX ARTS.

1. — Division.

Dans son livre sur les populations ouvrières, M. Audiganne établit une division des arts mécaniques assez analogue à celle que nous avons suivie. Voici cette division : la première classe embrasse les arts qui répondent aux besoins les plus essentiels de la vie. Ainsi l'homme doit se nourrir, se vêtir, avoir un logis qu'il approprie à son usage. Les arts qui donnent satisfaction à ces nécessités se rapportent à l'alimentation, au vêtement, au bâtiment et à l'ameublement. Ces industries supposent une multitude de travaux antérieurs ou accessoires, destinés à faciliter la vie domestique ou bien ayant pour objet divers produits d'agrément ou de luxe ; nous en composons une seconde classe qui comprend le travail des métaux précieux, l'orfévrerie, la bijouterie, la joaillerie et bien d'autres états ; à la même idée se rattachent, mais avec des caractères particuliers, les produits manufacturés dans le sens ordinaire de ce mot, les industries textiles, chimiques, métallurgiques, celle des cuirs et des peaux, etc., qui forment ensemble une troisième classe. La dernière se distingue des autres par ses relations avec les besoins intellectuels de l'homme ; on y range l'imprimerie, la papeterie, les divers procédés matériels des arts, et toutes les industries qui en dépendent. Nous allons parcourir ce dernier ordre de faits, sans oublier qu'il ne s'agit que de la forme et des procédés extérieurs des choses intellectuelles ; car il est dans la destinée de l'homme sur la terre que les plus nobles éléments de la nature aient des conditions toutes matérielles de leur exercice, conditions qui elles-mêmes donnent lieu à un grand développement dans l'ordre industriel.

2. — Imprimerie.

C'est vers l'an 1440 que l'imprimerie fut inventée à Mayence ; cet art si utile se répandit bientôt dans une partie de l'Europe : Harlem, Strasbourg, l'eurent de bonne heure. En 1468, on vit sortir un livre de l'imprimerie anglaise. Venise commença à imprimer en 1470 ; et ce fut dans la deuxième année du règne de Louis XI, en 1470, que l'imprimerie passa en France. Dans tous les lieux de l'Europe où l'imprimerie s'était répandue, on ne vit d'abord que des impressions de livres latins ou en langue vulgaire, d'abord en caractères romains, ensuite en gothiques, et depuis en italiques. Vers 1480, on fondit en Italie des caractères grecs. L'imprimerie grecque ne fut bien établie en France qu'en 1507. Les impressions en langue et caractères hébraïques parurent en Italie et puis en France, presque en même temps que les grecques. — Deux sortes d'ouvriers travaillent à l'imprimerie ; les uns sont les compositeurs, qui, arrangeant et plaçant les lettres sur les formes, les mettent en état d'être envoyées à la presse ; les autres sont les imprimeurs ou plutôt les pressiers, c'est-à-dire ceux qui font rouler la presse, qui noircissent les formes avec l'encre d'imprimerie, qui tirent les feuilles de papier. Le correcteur d'imprimerie est celui qui corrige les premières épreuves, et sur les corrections duquel le compositeur corrige ou remanie sa forme.

Les anciens manuscrits conservés dans les bibliothèques sont écrits sur peau de vélin ou parchemin, ou bien sur papier de papyrus, de coton, de soie ou de toile. Les manuscrits sur papyrus et sur parchemin sont les plus anciens; aucun cependant ne remonte au delà du deuxième siècle de notre ère, si l'on excepte quelques fragments sur papyrus qui sont de l'époque des Ptolémées. Les anciens faisaient copier leurs manuscrits par des esclaves appelés *librarii*; au moyen âge, les monastères fournirent le plus grand nombre de copistes. Outre les caractères courants, les manuscrits du moyen âge offrent des enluminures souvent fort riches, et des lettres ornées avec beaucoup de goût. — On s'accorde aujourd'hui à reconnaître que le véritable inventeur des caractères mobiles, qui forment la partie essentielle de la typographie, est Jean Guttenberg, qui résida d'abord à Strasbourg; on lui associe Faust et Schœffer, de Mayence, qu'il s'adjoignit et qui perfectionnèrent sa découverte. La première imprimerie fut établie en France, en 1470, au collége de la Sorbonne, par trois imprimeurs venus de Mayence. — Il est aisé de comprendre comment l'invention de l'imprimerie, substituée au travail lent et successif des copistes, a dû propager les livres et par suite l'instruction.

6.

3. — Lithographie.

Il en a été de la lithographie comme de beaucoup d'inventions; c'est le hasard, aidé de quelques circonstances favorables, qui lui a donné naissance. Un musicien allemand, ayant composé un air, voulu le faire graver par les procédés ordinaires; mais le graveur auquel il s'adressa, peu encouragé par la réputation du pauvre musicien et surtout par son extérieur plus que modeste, refusa de faire ce travail dans la crainte de n'en être point payé. Celui-ci entreprit de le graver lui-même, mais comment s'y prendre ? Il remarqua contre un mur de la cathédrale de Munich, une inscription sépulcrale qui avait été gravée en relief au moyen de l'eau forte. Après plusieurs essais il reconnut que l'encre d'impression adhérait sur toutes les parties de la pierre, surtout lorsquelles avaient été enduites d'un corps gras; et que cette même pierre, humectée modérément refusait de prendre l'encre, lorsquelle avait subi l'action d'un acide léger. — Ces observations lui prouvèrent qu'il pouvait obtenir des épreuves sans relief, et la lithographie fut inventée. Cette découverte, qui eut lieu en 1793, ne tarda pas à se répandre en Angleterre et en France. Mais depuis 1820 environ cet art a fait de nombreux progrès, avant d'arriver au degré de perfection où nous le voyons aujourd'hui.

4. — Reliure.

Les anciens ne connaissaient pas la reliure. La forme de leurs livres s'opposait à ce que les feuillets fussent pliés, réunis ou cousus. En effet les livres se composaient de feuilles de papyrus et de parchemin collées les unes au bout des autres, et qu'on roulait autour d'un petit cylindre. La couverture de ces livres était formée d'un carré de parchemin, de la même hauteur que le rouleau, et auquel étaient attachées de petites franges ou rubans, qui empêchaient la poussière de pénétrer; ces couvertures et ces rubans étaient ordinairement teints en rouge. Les deux bouts du rouleau, après avoir été rognés, étaient polis à la pierre ponce, et presque toujours mis en couleur. C'était là la reliure des manuscrits; on voit qu'elle était assez simple. Il y avait pourtant une partie du volume qui était travaillée et souvent d'un grand prix ; c'était le petit bâton sur lequel le volume était roulé, ordinairement en buis ou en ébène ; il était garni, aux extrémités, d'un bouton, *bulla,* que l'on ornait d'ivoire, d'argent ou d'or, ou même de pierres précieuses. Ces petites pièces, travaillées avec soin et portant les noms de l'auteur, brillaient au centre de chaque volume, dans de petites cases, à peu près comme nos marchands de papiers peints disposent leurs rouleaux. On pouvait admirer la sculpture et les ornements de ces boutons, qui se présentaient ainsi tout naturellement aux yeux et à la main.

Au moyen âge, on décorait avec un grand luxe la couverture des manuscrits; on les plaçait entre deux tablettes de bois ornées d'ivoire, de pierres précieuses, et fermées avec des attaches d'or et d'argent ciselés. La Bibliothèque possède en ce genre le fameux livre d'heures, écrit en lettres dorées sur parchemin couleur de pourpre, donné par Charlemagne à la ville de Toulouse. Au quatorzième siècle, après l'invention du papier de chiffons, et surtout au seizième, la reliure parvint à son plus haut degré. Catherine de Médicis était très-riche en livres magnifiquement reliés, et les particuliers imitèrent cette passion, qui se soutint longtemps. Depuis deux siècles, on s'occupe beaucoup moins de la reliure que du livre lui-même ; on s'inquiète assez peu de la reliure pourvu que le livre soit bon. Aussi se contente-t-on trop aisément de livres si mal brochés, si peu solides, que l'on ne saurait en faire un usage de quelque durée. La reliure, exercée avec supériorité, est un art véritable, dans lequel il est possible de déployer toutes les ressources de l'élégance.

5. — Papier, carton.

Les écritures les plus anciennes que l'on connaisse sont sur des pierres, des briques, des tessons. Les bas-reliefs de Ninive, les obélisques égyptiens, en sont de remarquables exemples. On écrivait encore sur le cuivre, le plomb, l'airain et le bronze ; et à Rome, cette matière était préférablement employée pour conserver les actes publics. Sous Vespasien, un incendie détruisit trois mille tables de bronze sur lesquelles étaient gravés des lois et des traités. Mais, pour l'usage le plus ordinaire, on employait, comme nous l'avons dit, le parchemin et le papyrus. Le parchemin, ainsi nommé, parce qu'il avait été d'abord préparé à Pergame, était fait avec toutes sortes de peaux, surtout avec celles de mouton ; le parchemin de veau était le vélin. Le papier d'Égypte, ou papyrus, était formé en appliquant transversalement et en collant ensemble des espèces de rubans pris dans l'intérieur de la tige d'un roseau qui croissait en abondance sur les bords du Nil. On ne superposait jamais plus de deux couches. Il paraît que le papier de chiffon et de coton, qui sert aux modernes, n'était pas inconnu des Grecs et des Romains. L'invention de l'imprimerie activa considérablement la fabrication du papier ; mais ce fut surtout l'invention des papiers mécaniques qui donna un grand développement à cette industrie. Cette sorte de papier fut établie en France vers 1814. Il paraît que l'on fabrique en France au moins 30 millions de kilogrammes de papier par an, pour lesquels on emploie 45 millions de kilogrammes de chiffons. Cela fait comprendre l'importance de la profession de chiffonnier. Un homme célèbre, M. de Humboldt, a dit avec quelque vérité que la boue de Paris rapportait presque autant que les mines du Pérou.

Les cartes à jouer paraissent avoir été apportées par les Grecs à Venise après la prise de Constantinople. Introduites à Paris en 1392, lors de la maladie de Charles VI, elles devinrent très-communes au quinzième siècle ; elles furent dès lors d'une dimension beaucoup moins grande. Après avoir représenté les Muses, les Vertus, les Planètes, elles offrirent un emblème de la Guerre. Les cœurs figurèrent la bravoure ; les piques et les carreaux, les armes meurtrières ; les trèfles, les provisions de fourrages ; les as, les finances, d'après le nom d'une monnaie romaine ; les rois furent Alexandre, Charlemagne, César et David; les dames étaient des princesses, des reines du quatorzième siècle ; la dame de pique, Pallas, représentait la Pucelle d'Orléans; les valets étaient des preux du temps de Charlemagne ou des capitaines du temps de Charles VII. On modifia les noms des cartes sous la révolution, mais on ne put s'y accoutumer, et l'on revint avec plaisir aux anciennes cartes et aux noms qui leur étaient donnés depuis le quinzième siècle. — Passons maintenant à un autre ordre de découvertes, à celles qui tiennent, non plus aux lettres, mais aux arts proprement dits, découvertes plus ou moins importantes, toutes très-curieuses, et dont notre époque s'est vivement préoccupée.

6. — Panoramas et autres découvertes d'optique.

Le panorama, mot qui, formé de deux mots grecs, signifie spectacle universel, est un grand tableau circulaire et continu, disposé de manière que le spectateur, qui est au centre, voit les objets représentés comme si, placé sur une hauteur, il découvrait tout l'horizon. Ce tableau doit être suspendu aux murs d'un bâtiment construit en forme de rotonde, et être éclairé par une lumière qui tombe d'en haut sans être aperçue du spectateur. Quand il est bien exécuté, il produit une illusion complète. La première idée de ce genre de spectacle est due au prussien Broyseg à la fin du dernier siècle; il a été introduit en France par l'Américain Fulton, en 1804. — Parmi les plus beaux panoramas, on cite ceux de Navarin, d'Athènes, de Jérusalem, de Paris. Les auteurs les plus renommés sont Thayer, Prévost, Bouton et Daguerre.

Un perfectionnement du panorama est ce qu'on a appelé le diorama. Il a été inventé en 1822 par Daguerre et Bouton. Ce mot désigne un spectacle qui consiste en vues peintes sur toiles transparentes d'une assez grande dimension, tendues sur un plan droit vertical, éloignées du spectateur de 15 ou 20 mètres, isolées en même temps de tout objet pouvant leur servir de terme de comparaison, et dont les bords ne sauraient être aperçus. L'intérêt du diorama consiste dans l'illusion d'optique produite par le jeu de la lumière naturelle et artificielle, qui reproduit à volonté la clarté du jour, l'obscurité de la nuit, l'éclat du soleil, le clair de la lune, le réflet des flambeaux et les effets de neige, etc. Pour obtenir ces effets divers, on éclaire le tableau tantôt par devant, tantôt par derrière; et on modifie la teinte et l'intensité de la lumière à l'aide de verres diversement coloriés. — Cet ordre de découvertes était fort curieux, mais il ne fournissait pas des ressources suffisantes aux arts; il ne permettait pas de recueillir, dans les plus petites dimensions, les images de toute la nature sans autre peintre que la nature elle-même. Cette grande découverte était réservée à une époque plus avancée de notre âge.

On savait depuis longtemps que les sels d'argent ont la propriété de se nuancer et de se décomposer au contact de la lumière. Le célèbre chimiste Humphry Davy avait essayé de fixer les images fugitives de la chambre obscure; mais, après divers essais infructueux, il cessa ses recherches; la solution de ce problème était réservée à la persévérance et à l'esprit inventeur d'un Français de nos jours, Niepce de Châlons. Ce savant trouva en 1827 le secret de fixer les images de la chambre obscure sur une lame de plaqué recouverte d'argent, enduite d'une couche de bitume et plongée dans un mélange d'huile de lavande; mais ce résultat était imparfait, l'image confuse et mal accusée. Daguerre, qui, en même temps que Niepce, s'occupait du même problème, parvint à faire saillir l'image sur la plaque au moyen de la vapeur du mercure. Niepce mourut obscur à Châlons en 1833, et Daguerre poursuivit seul la découverte. La première communication en fut faite à l'Académie des sciences, par Arago, en 1839. Elle fut reçue avec acclamation. On acheta à Daguerre son secret, et le daguerréotype devint une mode, un engouement général. On en exagéra beaucoup l'importance; mais, dans le fait, le daguerréotype perfectionné, comme il l'a été depuis, est resté un grand auxiliaire pour les arts du dessin. Quoi qu'il en soit, les procédés matériels de la photographie ne sauraient remplacer le génie vivant de la peinture. — La question maintenant est de savoir si l'on trouvera le procédé d'obtenir les couleurs; c'est un secret que des hommes spéciaux cherchent avec ardeur.

Voici du reste les principaux procédés de l'invention. — On prend une plaque de cuivre argenté, on la chauffe légèrement à l'aide d'un petit fourneau, on la ponce et on la lave plusieurs fois avec l'acide nitrique dans seize parties d'eau qu'on étend avec du coton; puis, la plaque étant parfaitement propre et brillante, on l'expose pendant quelques minutes à la vapeur d'iode, vapeur qui se produit à la température ordinaire. La plaque se recouvre d'une couche jaune d'iodure très-légère; on la place, ainsi préparée, dans une chambre obscure vis-à-vis des objets qu'il s'agit de dessiner. Au bout de quelques minutes, on la retire et on la pose sous un angle de 45 dégrés, dans une boîte au fond de laquelle il y a du mercure; puis on chauffe le mercure à une chaleur d'environ 60 degrés. Le dessin, jusque-là invisible, apparaît peu à peu, par suite de la volatilisation du métal. On retire la plaque qu'on lave à froid avec une certaine dissolution; enfin on lave avec de l'eau distillée chaude; la plaque sèche et l'opération est finie. Dix à douze minutes sont à peine nécessaires dans les temps sombres de l'hiver, pour prendre la vue d'un monument, d'un quartier de ville, d'un site. En été, par un beau soleil, ce temps peut être réduit de moitié. Ce qu'il y a d'admirable dans cette invention, dans laquelle la lumière elle-même est contrainte à se faire artiste et à reproduire, sur un fond donné, les détails d'un vaste paysage, c'est que le fini, qui est extrême, ne nuit en aucune manière à l'effet général. Le velouté, l'harmonie sont dûs surtout au poli parfait et au manque d'épaisseur de la plaque sur laquelle on opère.

On a enchéri sur l'invention de Daguerre, et par suite sur les curieux produits de la photographie, par la découverte du stéréoscope, dont le nom indique qu'il a pour objet de montrer en relief les images planes. Il fit sa première apparition dans le monde savant, le 21 juin 1838, au sein de la Société royale de Londres. Il a pour inventeur M. Wheatstone, le créateur de la télégraphie électrique. Les effets du stéréoscope ne sont pas bornés à la représentation des objets géométriques, pyramides ou cônes. Si l'on regarde dans l'appareil deux images d'un bas relief, d'une statue, d'un être vivant, d'un paysage, d'un portrait, même d'une personne, tous ces objets apparaîtront ce qu'ils sont dans la nature. Pour obtenir les images d'un bas-relief, d'une statue, d'un paysage, d'une personne vivante, il suffit de dresser devant ces objets divers une chambre obscure ou boite de daguerréotype, avec deux ouvertures munies de deux objectifs de même diamètre et de même distance. Le stéréoscope transforme la photographie en sculpture ; il fouille, il drape comme n'ont jamais pu le faire les plus habiles sculpteurs. Ce progrès de la photographie à été bien aisément obtenu, puisqu'il a suffi de lui demander deux images au lieu d'une qu'elle était accoutumée à donner. — Il ne faut pas s'exagérer les avantages que toutes ces découvertes, moitié artistiques et moitié industrielles, promettent aux arts. Utiles à certains égards, elles amusent aussi par la varié de leurs résultats ; mais jamais elles ne suppléeront à ce que l'art véritable à de beau et de grand, lorsqu'il est exercé par une main habile au service d'un génie original et qui ne doit qu'à lui-même toute sa vertu.

CHAPITRE VIII.

VAPEUR ET ÉLECTRICITÉ.

Notre siècle a vu s'accomplir les plus grandes découvertes de l'industrie. Il s'est opéré les choses les plus extraordinaires et qui auraient été regardées comme des rêves dans les temps antérieurs. Le monde industriel a été pour ainsi dire renouvelé. On a trouvé et mis en œuvre des forces de la nature dont la puissance était inconnue. Deux forces surtout ont opéré de vrais prodiges. Par la vapeur, on a appris à s'élever dans les airs au-dessus des nuages, à diriger des navires sur les rivières et sur l'océan, à conduire des légions de voyageurs dans toutes les parties du monde, avec une extraordinaire vitesse et sans le secours des bêtes de somme. Une autre force, l'électricité, a rendu la communication de la parole, à des distances énormes, presque aussi rapide que la pensée, et bientôt cette même force électrique donnera un éclairage autrement parfait que celui du gaz, qui fut pourtant lui-même considéré comme un progrès en son temps. Nous allons parcourir ces merveilles, et admirer toujours le génie de l'homme et la bonté divine qui ne cesse de mettre à sa disposition les éléments matériels qu'il sait si bien exploiter. Mais aussi il faut bien se garder de l'orgueil ; car, après tout, les progrès ont des limites ; ils ne sortent pas des besoins usuels ; ils n'améliorent pas l'homme en soi ; ils ne détruisent pas le travail et la douleur à laquelle l'homme est ici-bas condamné ; et d'ailleurs ils ne sauraient faire oublier la parole du divin Maître : « Une seule chose est nécessaire. » Et celle-ci : « Cherchez la justice, le reste vous sera donné par surcroît. »

1. — Les ballons.

La navigation aérienne n'a fait aucun progrès depuis les frères Montgolfier. Toutes les tentatives ont échoué parce que leurs théories n'étaient fondées que sur de vagues hypothèses. Depuis la première invention, on n'a fait qu'une chose, remplacer l'air chaud par le gaz hydrogène ; les appareils n'ont pas varié, et cependant le point d'appui était dans la résistance de l'air ; étant donnée la comparaison de la marche dans l'air à la navigation sur l'eau, on avait dû comprendre que de puissantes modifications devaient être apportées dans ce sens aux appareils primitifs. La science a mis au service de l'homme toutes les forces qui semblaient pour lui un danger ; il dirige la foudre, c'est-à-dire l'électricité ; il franchit les distances à l'aide de la vapeur ; un seul élément lui échappe encore ; il en sera possesseur, quand, non content de se maintenir dans les airs, il saura diriger au but qu'il désire le navire aérien. Le premier ballon fut lancé, le 5 juin 1783, à Annonay, patrie des inventeurs, les frères Montgolfier. La deuxième expérience, à laquelle assista le roi Louis XVI, eut lieu à Versailles le 20 septembre suivant. On trouve en 1794 les aérostats employés utilement à la bataille de Fleurus et au débarquement de Maubeuge, pour observer les mouvements de l'ennemi. Cependant cette découverte n'a pas réalisé jusqu'ici les espérances qu'elle avait fait concevoir.

Les savants et les inventeurs n'ont jamais perdu l'espoir de découvrir, un peu plus tôt ou un peu plus tard, le moyen de diriger les ballons et de remplacer les voyages de fantaisie, dont il a fallu jusqu'à présent que la science aérostatique se contentât, par les voyages à destination fixe, et d'exécution aussi sûre que peut être un voyage de Paris à Orléans par le chemin de fer. Mille expériences ont été faites depuis Blanchard, qui le premier s'éleva du Champ de Mars de Paris, le 4 mars 1789, dans un ballon muni d'un gouvernail ; on a tout mis en œuvre. Les uns ont adapté à leur aérostat des ailes disposées comme les ailes des oiseaux et qui en imitaient les mouvements rapides à l'aide d'un mécanisme ingénieux ; d'autres ont employé des nageoires et se sont flattés d'avoir résolu le problème en donnant au ballon la forme d'un poisson ; d'autres ont fait usage de voiles, par des roues à palettes pareilles aux roues de nos bateaux à vapeur, puis de rames. Aucune de ces tentatives n'a encore réussi.

Il ne manquait aux aérostats, pour être de toutes les manières de voyager la plus douce et la plus confortable, qu'une seule et unique chose, précisément la possibilité de les diriger. Dans l'état actuel de la science, dès que les liens qui le retiennent au sol sont coupés, le ballon s'élance vers l'air et va trouver les nuages. Mais, comme les nuages, il ne peut ni modérer sa course, ni changer de direction, ni louvoyer, ni craindre les courants. Il flotte a l'aventure sur l'océan aérien. L'aéronaute ne peut rien contre les vents et ses caprices. Lorsqu'il veut descendre, il ouvre la soupape ; pour remonter, il vide les sacs de sable qui lui servent de lest ; ses pouvoirs de pilote ne s'élèvent pas au delà. De toutes les manœuvres, la plus facile est celle du départ ; mais quand il est parti, on peut dire de lui comme de Marlborough dans la chanson : « Ne sais quand reviendra ! » Et combien ne sont pas revenus du tout !

2. — Navigation à la vapeur.

Dans le courant du siècle dernier, on a vu paraître une découverte qui a armé l'homme d'une grande puissance ; nous voulons parler de la découverte des machines à vapeur. Avant la fin du dix-septième siècle, on ne trouve guères de notions positives concernant l'application des effets mécaniques de la vapeur d'eau, et de son emploi comme force motrice. Il s'agissait d'accélérer les voyages sur les rivières et sur mer, et d'affranchir la navigation d'un élément aussi inconstant que le vent. Dans un ouvrage publié en 1695, Papin signale la possibilité d'appliquer la vapeur à la navigation et faire marcher les navires au moyen de roues. L'Angleterre attribue la réalité de cette découverte à James Watt, né en Écosse, en 1736. Mais Watt n'appliqua guère la vapeur qu'aux machines ; à ce sujet il est bon de savoir que la première machine à vapeur importée en France, en 1779, fut établie à Chaillot, pour le compte d'une compagnie chargée de fournir de l'eau à divers quartiers de Paris. Quant à l'application de la vapeur à la navigation, on voit un navire aller d'Angleterre en Suède en 1785. Ce fut aux États-Unis que la navigation à la vapeur fut essayée sur une grande échelle. Le peintre Fulton était venu à Paris pour y étudier les chefs-d'œuvre de son art ; ayant vu au Conservatoire des arts et métiers quelques modèles de bateaux à vapeur, il abandonna la peinture, et se livra tout entier aux recherches qui pouvaient perfectionner cet art ; il construisit un navire à roues qui, en 1803, remonta la Seine de Sèvres à Charenton. Peu encouragé par le gouvernement français d'alors, Fulton retourna en Amérique, et, par ses soins, un service régulier de bateaux à vapeur fut établi de New-Yorck à Albany. En quelques années, l'Angleterre s'empara de ce procédé et l'employa sur mer. En 1826, un bateau à vapeur se rendit dans l'Inde avec une machine de la force de cent vingt chevaux. La France, à dater de 1830, a elle-même perfectionné cette voie de navigation et enfin a fabriqué des bâtiments à vapeur de la force de quatre cent cinquante à cinq cents chevaux.

L'application de la vapeur à la navigation transatlantique a été pour la civilisation un progrès plus grand peut-être que le chemin de fer. Ces voies sûres, permanentes, indépendantes des vents, ont rapproché les continents et les parties du monde, comme les chemins de fer ont rapproché les provinces et les parties des continents. Mais si la navigation à vapeur a d'inappréciables avantages, elle présente aussi des inconvénients inhérents à sa nature même. Pour des voyages lointains, on est obligé d'embarquer des quantités considérables de combustibles qui prennent autant sur la place utile réservée aux marchandises. Aussi depuis longtemps a-t-on cherché, tant en Europe qu'en Amérique, des systèmes ou des moteurs nouveaux. Un industriel, frappé de la perte de calorique que la vapeur d'eau entraîne avec elle, a substitué à cet agent l'éther volatilisé. La dépense de ce procédé est incomparablement moindre que celle des procédés ordinaires. Du reste, ce système est applicable à d'autres liquides que l'éther. On peut le remplacer par le sulfure de carbone, le chloroforme, le chlorure de carbone, etc. Ces deux derniers offrent de plus l'avantage de ne pas s'enflammer, comme l'éther.

3. — Chemins de fer.

Les premiers rail ways paraissent avoir été construits en 1640, par un certain Beaumont, pour le transport du charbon des houillères de Newcastle sur Tyne. Il ne réussit pas. D'autres profitèrent de son invention. En 1676, plusieurs routes de ce genre existaient en Angleterre, et servaient à transporter le charbon des houillères aux rivières les plus voisines. Les rails étaient en bois, on y adaptait de gros chariots, et le transport était rendu si facile qu'un cheval était en état de tirer sur ces voies huit à dix mille livres pesant. Le peu de solidité des voies en bois obligea bientôt de les revêtir de plaques de fer et de fonte. De nombreux perfectionnements eurent lieu; mais ce fut seulement en 1810 qu'on commença à faire usage de la vapeur en l'appliquant à l'usage des machines locomotives. Les plus remarquables progrès en ce genre ont eu lieu vers 1835. On a remplacé alors les rails qui étaient trop légers par des rails d'une épaisseur beaucoup plus considérable. Les machines ont été montées sur six roues au lieu de quatre, et les roues sont en fonte. Les cylindres, qui étaient autrefois disposés en dehors des roues, ont été placés à l'intérieur ; on a agrandi la boîte à feu, et, par d'autres modifications encore, on a donné plus de puissance aux machines et diminué les secousses.

Les chemins de fer ont été introduits en Amérique en 1826 ; depuis lors, les États-Unis sont couverts d'un réseau de routes à rainures qui ont servi à établir des rapports très-prompts et très-commodes entre les points les plus extrêmes de la Confédération. Les chemins de fer se sont multipliés en Prusse. Depuis 1830, un magnifique chemin réunit le bassin du Wéser à celui du Rhin ; il commence à Minden, situé sur le premier de ces fleuves, et aboutit à Cologne. L'Autriche a, entre autres chemins, celui qui part des bords du Danube dans la haute Autriche et qui s'étend jusqu'à ceux de la Moldau, en Bohême. Les Belges ont construit un beau chemin de fer de Liége à Bruxelles, avec embranchement sur Anvers et Ostende. La Russie met la paix à profit pour accepter aussi ce grand moyen de civilisation. La France en est toute sillonnée. Quatre grandes lignes, partant de Paris, se rendent aux extrémités du pays dans toutes les directions, et des embranchements y relient toutes les localités qui se trouvent à une certaine distance.

Un des chemins de fer les plus intéressants, quoiqu'il soit l'un des moins longs, est celui de Londres à Greenwich. Il est élevé à vingt-deux pieds au-dessus du sol, et se compose de mille arches dont la longueur totale est de trois milles. Le chemin de Manchester à Liverpool est plus admirable encore. Il traverse cette dernière ville presque en entier, sur une étendue de plus d'un mille et à une profondeur de cent vingt-trois pieds au-dessous du sol. Voici les impressions qu'un voyageur a éprouvées sur ce chemin : « En traversant pour la première fois ce long tube éclairé de loin en loin par quelques becs de gaz, une vague inquiétude me dominait : je respirais à peine. Le train sur lequel je me trouvais était composé d'une longue suite de cages qui renfermaient des porcs et des bœufs. Nous roulions avec une vitesse de huit à dix milles à l'heure, lorsque nous entendîmes avec effroi comme une détonation d'artillerie ; je crus un instant que la voie allait s'affaisser, tant la percussion de l'air était vive : c'était un train qui descendait du côté d'Hedge-Hill. Il s'avançait dans les ténèbres à la lueur rougeâtre d'une lanterne que le conducteur tenait à la main. A mesure que nous approchions de l'ouverture, les objets placés à l'horizon m'apparaissaient comme des fantômes revêtus d'une robe de brouillard ; je les voyais grandir ou se rapetisser selon les milieux qui s'interposaient. Après quelques minutes passées dans cette incertitude, les contours devinrent mieux arrêtés, et la lumière nous fut rendue. »

Le 19 août 1843, on a fait l'expérience bien curieuse du chemin de fer de Kingstown à Dalkey, avec l'air atmosphérique pour moteur. Trois voitures furent placées à la station de Kingstown. A la première était attaché le piston qui joue dans le tube, et une mécanique pour modifier la vitesse du train et s'arrêter à Dalkey. Une mécanique de cette sorte fut aussi attachée à la deuxième voiture, qui contenait un grand nombre d'ouvriers ; la troisième était destinée aux directeurs et à leurs amis. Tout le monde

était curieux de savoir le résultat d'un premier voyage.
Tout étant prêt, vers six heures du soir, la machine à vapeur de Dalkey mit en mouvement la pompe pneumati-
que. En une demi-minute le vide fut obtenu dans le tube.
Les signaux nécessaires furent faits, le train partit, et
quatre minutes après il avait atteint Dalkey. On ne peut
se faire une idée, dit un journal anglais, de la facilité
avec laquelle marche la machine. Le train glisse sur les
rails presque sans qu'on s'en aperçoive ; point de fumée,
point de bruit, comme dans les chemins de fer à vapeur :
les mécaniques pour modérer le mouvement sont suffisantes ; on a arrêté à Dalkey avec la plus grande facilité.
Le succès de cette expérience a prouvé qu'il était possible
d'appliquer la pression de l'air atmosphérique aux chemins de fer.

Le chemin de fer atmosphérique établi du bois du Vé-
sinet au plateau de Saint-Germain, sert depuis 1847 au
transport des voyageurs ; il fait suite au chemin de fer
ordinaire partant de Paris. Jusqu'au pont de Montesson,
le trajet s'accomplit sur l'ancien chemin de fer ; le reste
du trajet, jusqu'à Saint-Germain, se fait sur le chemin atmosphérique. Ce changement de système s'effectue très-
rapidement et, pour ainsi dire, sans que les voyageurs aient
le temps de s'en apercevoir. Arrivé à la station de Montesson, le train s'arrête ; la locomotive passe derrière lui,
et le pousse, au moyen d'un croisement de rails, sur la
voie atmosphérique. On accroche la première voiture du
convoi au wagon directeur du chemin atmosphérique ;
aussitôt, sur un signal donné par le télégraphe électrique,
les machines pneumatiques installées à Saint-Germain se

mettent à fonctionner. L'air du tube est aspiré en quelques instants, et le convoi se met en marche. Le trajet s'accomplit en trois minutes. Le retour de Saint-Germain au pont de Montesson s'effectue par le seul poids du convoi roulant sur la pente descendante. Le conducteur n'a d'autre manœuvre à effectuer que de serrer les freins pour s'opposer à une trop grande accélération de vitesse. Arrivé à la station de Montesson, le convoi repart sur la voie du chemin de fer ordinaire, et une locomotive tenue prête le ramène à Paris.

De tous les moyens proposés de nos jours pour remplacer le système des chemins de fer, un seul, le système atmosphérique, a été soumis à une expérience décisive, et il s'est montré sur divers points inférieur à son rival. Faut-il, généralisant ce résultat, conclure que ce système, ainsi que les procédés de locomotion récemment imaginés, soumis à la même épreuve, n'auront à attendre aucun avenir ? En définitive, l'opinion des ingénieurs flotte en ce moment assez irrésolue. Gardons-nous d'ailleurs de porter un jugement sévère sur ces hésitations de la science. L'histoire nous apprend que chacune des grandes inventions de notre époque a dû traverser une période d'incertitude. Quoi qu'il en soit, même dans l'état actuel, les chemins de fer, et, on peut le dire également, la navigation, et les machines à vapeur, en général, sont de grandes et belles inventions. La machine à vapeur créée par Watt a été pour la civilisation un agent très-puissant. Les produits du luxe et du confortable ont été mis à la portée du plus grand nombre. L'existence a été rendue plus facile par la multiplicité des produits.

Les chemins de fer, en particulier, ont pour résultat d'accélérer les relations, d'économiser le travail, de réduire le prix des objets qui viennent de loin, de multiplier les échanges, d'accroître enfin les produits dans toutes les branches de l'industrie.

4. — Éclairage.

Dans l'origine, l'homme n'eut pour s'éclairer que de simples éclats de bois enflammés, des débris de plantes sèches, ou les branches des arbres résineux, dont il formait des torches. L'huile et la cire furent appliquées de bonne heure à l'éclairage. Les Hébreux, les Égyptiens, les peuples de l'Inde et de la haute Asie connurent dès la plus haute antiquité l'usage des lampes, fort simples quant à leur appareil, puisqu'elles ne se composaient que d'un vase plein d'huile dans lequel plongeait une mèche longue. Leur forme variait à l'infini. Les musées sont remplis de lampes antiques : les unes ont une anse, les autres des chaînettes par lesquelles on les suspendait. Elles n'ont été perfectionnées qu'à la fin du dernier siècle, par l'invention des becs à double courant d'air, et nommées quinquets, du nom de leur inventeur. Par le procédé nouveau, la combustion se fit plus rapidement, et on brûla moins d'huile pour obtenir une plus belle lumière. En 1833, Carcel inventa les lampes à mouvement d'horlogerie, qui eurent une grande vogue. Les chandelles de suif, inventées en Angleterre au douzième siècle seulement, ne s'introduisirent en France que sous Charles V. L'usage de la bougie est plus ancien. On a inventé la bougie stéarique, moins chère que la véritable, et qui n'est que l'acide tiré du suif. Dans les bougies, les mèches sont tressées, ce qui épargne la peine de les moucher; en effet, à mesure que la bougie brûle, la mèche se courbe légèrement, de sorte que l'extrémité se consume dans le blanc de la flamme.

C'est en 1667 seulement que l'on commença à éclairer la ville de Paris pendant la nuit, au moyen de lanternes publiques. Elles contenaient deux chandelles de différentes grosseurs, afin de donner plus ou moins de lumière, selon les temps. Quoique le nombre de ces lanternes fût bientôt porté à plus de sept mille, Paris ne se trouvait que faiblement éclairé. Ces lanternes n'étaient point allumées depuis le mois de mai jusqu'au mois d'août. Les lanternes à réverbères et à lampes furent établies à Paris en 1769. Elles devaient éclairer depuis la fin du jour jusqu'à trois heures du matin, mais seulement à défaut de la lune. Par exception, la nuit de Noël et celles des jours gras étaient éclairées jusqu'au jour. — Ce fut un grand événement que celui de l'éclairage au gaz dans la capitale, et, promptement après, dans les villes de France. L'ingénieur Lebon avait conçu, dès 1785, l'idée de faire servir à l'éclairage des maisons les gaz combustibles qui se produisent par la distillation du bois; mais cette idée n'eut point de suite parmi nous. Quelques années plus tard, deux Anglais s'en emparèrent. En 1810, la première usine pour l'éclairage public au gaz fut établie à Londres. Ce n'est qu'en 1818 que ce mode d'éclairage fut adopté en France. Maintenant on sait comme cet usage est universel; et bientôt il sera appliqué aux usages domestiques, à la cuisine, et (ce qui ne sera pas moins agréable) au feu des cheminées; si bien qu'en hiver, en rentrant chez soi, il suffira de tourner un robinet pour obtenir une flamme vive, gaie, un beau feu sans les ennuis de la préparation.

5. — Éclairage au gaz.

L'invention des becs de gaz et de l'éclairage par la vapeur de charbon est due à une observation d'un fait naturel. Les mineurs de White-Haven, en Cumberland, étaient à l'ouvrage, lorsqu'une bouffée d'air d'une odeur inconnue passa au-dessus de leur flambeau, éclata en un magnifique jet de flamme, et se mit à flamber de telle sorte, que les ouvriers effrayés prirent la fuite. Mais, bien que la flamme eût six pieds de haut sur moitié de large, elle brûlait si paisiblement, qu'ils se rassurèrent et vinrent agiter leurs chapeaux tout autour pour la souffler ; alors elle disparut. Mais ce qui était curieux, c'est que, tout éteinte qu'elle fût, elle reparaissait toutes les fois qu'on rapportait de la lumière, si bien que le seul moyen de s'en débarrasser pour tout de bon était de la conduire hors de la mine. En conséquence, on fit un long tube pour amener le gaz à la surface de la terre ; sa légèreté facilitant l'opération, il se laissa persuader de monter, et à peine se trouva-t-il au grand air, qu'il se mit à flamber avec le même éclat qu'auparavant ; et tout le monde accourut à ce spectacle. Le jet brûla pendant deux ans et neuf mois sans décroître un moment. Cette expérience fut une de celles qui conduisirent à la découverte ou à la propagation de l'éclairage au gaz.

On a fait en 1844, à Paris, sur la place de la Concorde, le premier essai public d'éclairage par la pile galvanique.

L'appareil, placé sur les genoux de la statue, ressemblait à un globe de lampe. Dans l'intérieur était le foyer lumineux. A neuf heures, tous les candélabres de la place ont été éteints, et leur clarté blafarde a été subitement remplacée par un foyer lumineux d'une intensité prodigieuse. Suivant que l'on promenait le réflecteur sur tel ou tel point du foyer, on voyait se détacher, se grouper les massifs des Tuileries et de l'avenue de l'Étoile. Tantôt se découpaient le gigantesque obélisque et ses fontaines monumentales; tantôt le Garde-Meuble, avec ses sombres portiques et ses imposantes colonnades. On voyait les arbres et les édifices sortir d'une nuit profonde, comme pour venir en témoignage aux progrès de la science. Au loin, sur la rive gauche de la Seine, on apercevait çà et là des lueurs ternes et rougeâtres : c'était le gaz, qui semblait avoir honte et s'éclipser. Ainsi donc, après les résines, les huiles, les chandelles, la cire et le gaz, voilà l'électricité qui va servir aussi à éclairer le monde. — Le procédé consiste à placer un foyer de braise noire de boulanger entre deux pointes de métal. Le courant électrique établi par la pile illumine cette braise en passant de l'une à l'autre pointe, et produit un effet merveilleux. La lumière ainsi obtenue a un éclat si vif, qu'on ne peut le comparer qu'à celui du soleil.

Des expériences d'éclairage électrique, supérieures à celles qui avaient été faites jusqu'alors, ont eu lieu en octobre 1856. On avait choisi le sommet de l'arc de triomphe de l'Étoile, qui domine d'un côté les Champs-Élysées, le faubourg Saint-Honoré, le quartier des Invalides, la place de la Concorde, le jardin et le palais des

Tuileries, et de l'autre côté, Neuilly, Passy et le bois de Boulogne jusqu'au Mont-Valérien. L'emplacement était supérieurement approprié à la production des phénomènes de lumière les plus variés; mais la saison d'automne, avec son atmosphère brumeuse, était moins favorable, et les becs de gaz des Champs-Élysées pouvaient mettre obstacle à la réflexion de la lumière électrique. Quatre phares furent allumés sur le haut de l'arc de triomphe; un fut dirigé sur l'avenue de Saint-Cloud, deux sur l'avenue de l'Impératrice, et le quatrième sur l'avenue de Neuilly. De la place de l'Étoile, on pouvait fixer ses regards sur ces quatre foyers sans que leur éclat produisît sur les yeux aucune impression pénible. On voyait ces quatre points lumineux briller comme quatre étoiles et donner naissance à autant de faisceaux de rayons, s'étendant en éventail, pareils à des queues de comètes, et allant se perdre au loin. C'était un spectacle qui pouvait être regardé comme féerique. La lumière électrique, ordinairement vacillante, se projetait avec une fixité qu'on ne lui connaissait pas ; il n'y avait point d'interruption, point de variation sensible dans son intensité ni dans son éclat.

6. — Télégraphe électrique.

La télégraphie est l'art de transmettre rapidement une nouvelle à des distances éloignées. La télégraphie aérienne a été inventée par Claude Chappe, et appliquée en grand, pour la première fois, en 1793. Mais la transmission des nouvelles par la télégraphie aérienne était loin d'être instantanée. La nouvelle devait passer par diverses stations pour arriver à de grandes distances. Les temps nébuleux, la nuit, rendaient la télégraphie impossible. On essaya, il y a quelques années, d'employer le télégraphe aérien pendant la nuit, en remplaçant le bras du télégraphe par un système de verres colorés. Mais ce système ne pouvait s'appliquer que pendant les nuits sereines, et il augmentait considérablement la dépense, la lenteur et l'incertitude des communications. — C'est pourquoi la télégraphie électrique a remplacé partout la télégraphie aérienne. À l'avantage d'une vitesse incomparablement plus grande, elle joint celui de fonctionner par tous les temps, et la nuit comme le jour. Trois choses sont nécessaires pour combiner un télégraphe électrique : 1° Il faut que les deux points extrêmes soient mis en communication au moyen de fer ou de cuivre ; 2° il faut qu'un mouvement imprimé à l'une des extrémités de ce fil soit rapidement transmis à l'extrémité opposée ; 3° Il faut qu'à l'aide du mouvement ainsi transmis on puisse produire une série de signes convenus en alphabet.

La ligne télégraphique souterraine de Londres à Liverpool a été terminée et ouverte au public en 1854. Depuis, des fils ont été joints de manière à mettre Glascow et d'autres points en communication avec Londres. Puis on a fait correspondre Liverpool et Manchester avec Paris et Bruxelles ; alors l'expérience a été complète. La demande : « Quel temps fait-il ? » et la réponse : « Beau et froid, » ont été échangées en une minute. Le maire de Manchester a félicité le préfet de la Seine sur l'établissement d'une communication directe entre les deux villes. Le préfet de la Seine a répondu : « Je vous remercie cordialement de vos obli-geantes dépêches, et je vous transmets l'assurance des bons sentiments de la ville de Paris pour la ville de Manchester. » A cette même époque on annonçait comme terminée la première section du grand câble électrique destiné à la Méditerranée. Il devait avoir 110 milles de longueur et peser 800 tonneaux. Il se composait de six fils de cuivre couverts de gutta-percha, enfermés dans une corde de chanvre et entouré de douze fils de fer n° 1. Ainsi Londres s'est vue en communication directe avec Cagliari ; des prolongements sur Malte et la Turquie ne se sont pas fait attendre, et c'est ainsi que durant toute la guerre d'Orient, chose prodigieuse, en peu de minutes on savait à Paris et à Londres toutes les circonstances jour-nalières de la guerre.

Il est utile de faire courir le fil de fer ou de cuivre le long des voies ferrées, parce que dans ce parcours, in-terdit aux piétons et surveillé par les agents des compa-gnies, on n'a pas à craindre la rupture de ce fil. Ce fil est toujours soutenu de distance en distance par des po-teaux ; mais comme le bois absorberait l'électricité que le fil est chargé de transmettre tout entière d'un bout de la ligne à l'autre, on arme les poteaux à leur extrémité d'une rondelle de porcelaine sur laquelle le fil repose. Pour traverser la mer, on place le fil dans une enveloppe qui a la double propriété de ne pas absorber l'électricité, et de ne pas laisser pénétrer l'humidité. Après cette pré-caution, on plonge le fil dans l'eau comme un câble or-dinaire. Le procédé le plus ordinairement employé con-siste à disposer à l'extrémité de chaque ligne un cadran sur lequel le fil électrique marque successivement toutes les lettres dont le mot à transmettre est composé. La transmission d'une dépêche est faite dans le temps nécessaire pour l'épeler. Car il ne faut pas tenir compte du temps qui s'écoule entre le moment où, par exemple, le cadran de Marseille indique un b et celui où le cadran de Paris a reçu cette indication. Cet intervalle est tout à fait insaisissable. L'électricité parcourt en une seconde une distance de 101,700 kilomètres, environ 25,000 lieues, sur un fil de fer; et sur un fil de cuivre une distance de 177,700 kilomètres, c'est-à-dire plus de 40,000 lieues. Les télégraphes électriques se multiplient. Bientôt certainement Londres et Boston seront en communication à travers l'Atlantique.

CHAPITRE IX.

OBJETS DIVERS.

1. — Voitures.

Voici quelques objets intéressants et qui ont été difficiles à classer dans les grandes divisions qui précèdent.— Le premier carrosse dont l'histoire fasse mention fut celui qui servit à Isabeau de Bavière, lors de l'entrée solennelle qu'elle fit à Paris en 1405. Sous François Ier, on ne comptait encore que trois carrosses; ils n'étaient ni commodes, ni élégants; ils n'avaient pour portières que des rideaux en cuir. Dans les dernières années du règne de Henri IV, ces voitures, qui s'appelaient coches, prirent le nom de carrosses, quand on commença à les suspendre avec des soupentes de fer. Sous Louis XIV, leur nombre s'accrut rapidement. Les voitures devinrent de véritables monuments traînés par quatre ou six chevaux. Ce fut en 1650 seulement que les carrosses de remise furent établis; les fiacres, ou carrosses de place, le furent en 1657. Ces dernières voitures furent inventées par un nommé Sauvage: « Je me souviens, dit un auteur du temps, d'avoir vû le premier carrosse de louage qu'il y eut à Paris; on l'appelait le carrosse à cinq sous, parce que l'on ne payait que cinq sous par heure. Six personnes pouvaient y entrer. » Ce carrosse logeait à l'Image de Saint-Fiacre (rue Saint-Martin) dont il prit son nom, qu'il a ensuite communiqué à tous ceux qui l'ont suivi. Le nombre des voitures circulant dans Paris s'élevait en 1852 à 8795, réparties ainsi qu'il suit : 733 cabriolets, 912 fiacres, 2798 remises et 5000 voitures bourgeoises. Depuis ce temps ce nombre a été beaucoup augmenté. — Les premières voitures-omnibus pour le transport de tous, petits et grands, parurent en 1828. On sait comme cette invention a prospéré, et comme la population parisienne est accoutumée à ce moyen si commode et si économique d'aller à ses affaires à travers les grandes distances qu'il lui faut parcourir dans la capitale.

2. — L'industrie au service de la table.

Chez les Romains, on dînait couché ; avec eux cette coutume pénétra dans la Gaule. Sous Charlemagne, les convives s'asseyaient sur des coussins autour de petites tables, ou plutôt d'escabeaux, faits des métaux les plus précieux, tels que l'or et l'argent. Ce n'est que trois siècles après que l'on voit apparaître la table de chêne, dressée sur des pieds et entourée de bancs au dossier sculpté. — Les cuillères sont en usage depuis que la soupe est inventée ; pour puiser dans un vase un liquide brûlant il n'y avait que ce moyen de possible ; mais pour porter à sa bouche un morceau de viande et de poisson, la fourchette était un ustensile tout simple, tout naturel. Aussi est-on fort surpris d'apprendre que la fourchette ne date que du dix-septième siècle. Chez les Grecs on mangeait avec ses doigts ; chez les Romains on fit comme chez les Grecs. Au moyen âge, dans tous les repas, on voit les convives se placer devant une assiette ou écuelle, et y plonger leurs doigts, après toutefois les avoir soigneusement lavés dans des vases destinés à cet usage, bassins à laver, aiguières, etc. L'orfévrerie, vers le treizième siècle, inventa la fourchette, comme objet de luxe ; encore n'était-ce que pour piquer et manger les fruits ; car, pour la viande et le poisson, il fallut encore attendre au moins trois siècles l'usage de cet instrument. — Les salières occupaient les places d'honneur sur la table des grands. C'était presque toujours une pièce d'or-févrerie très-remarquable. Dans les festins ordinaires, les salières étaient tout simplement un morceau de pain découpé et creusé pour recevoir le sel que chaque convive plaçait auprès de son assiette.

3. — Le phosphore.

On donnait autrefois le nom de phosphore, qui signifie porte-lumière, à tous les corps doués de la propriété de luire dans l'obscurité. Ce nom désigne actuellement un corps très-curieux, découvert en 1617 par des procédés fort répugnants. En 1709, deux chimistes suédois découvrirent le phosphore dans les os des animaux et donnèrent un procédé qui n'a été que légèrement modifié depuis, et qui permet, par l'effet d'une cuisson très-ardente, de préparer le phosphore en grande quantité. Le phosphore pur est un corps transparent, sans couleur, d'une odeur particulière, mou comme la cire ; il est plus lourd que l'eau, il fond très-facilement, il s'enflamme au plus léger frottement. L'application du phosphore aux allumettes est une invention moderne. On a commencé par les briquets phosphoriques, simple flacon contenant un peu de phosphore, dans lequel on introduisait une allumette soufrée ordinaire. L'allumette, imbibée de phosphore, prenait feu quand on la frottait sur le bouchon de liége. Dans ces dernières années, on a remplacé le soufre par l'acide stéarique fondu. La fabrication de ces allumettes, ainsi appelées chimiques, a pris un grand développement à Paris. Plus de mille ouvriers, ordinairement des femmes et des enfants, travaillent à produire environ un milliard d'allumettes, dont la valeur peut être portée à 1,800,000 francs.

4. — Les armes à feu.

Terminons par quelques détails relatifs à l'industrie militaire. — Le nom d'artillerie est antérieur dans nos armées à l'introduction des bouches à feu ; il s'applique originairement au service des machines de guerre ; on trouve dès le quatorzième siècle en France une charge de maître de l'artillerie. Ce nom fut naturellement étendu aux bouches à feu dès qu'elles furent connues. L'invention des canons suivit de près la découverte de la poudre ; on s'en servit pour la première fois en Europe au quatorzième siècle, à la bataille de Crécy, en 1346, d'autres disent à Algésiras, en 1243. — En 460, les plus gros canons fabriqués en France ne pesaient pas au delà de 115 livres ; mais dix ans plus tard on en fit de plus gros, d'après les ordres de Louis XI. On fit en 1479 l'essai d'un énorme canon, fondu à Tours, qui portait de la Bastille à Charenton ; mais cet essai fut suivi d'un grand accident ; à la seconde épreuve, le fondeur Jean Maugué fut tué avec quatorze autres personnes, et il y eut au moins autant de blessés. — L'impulsion donnée par Louis XI à la fabrication de l'artillerie se continue sous ses successeurs. La fabrication des canons en cuivre au lieu de fer permet de leur donner une force et une dimension qu'ils n'avaient pas eues jusque-là. — En 1598, on fondit le modèle des grosses pièces, la couleuvrine de Nancy, qui avait 32 pieds de longueur. Après la France, l'usage de l'artillerie se répandit en Suisse, dans les divers États de l'Allemagne, en Suède, enfin en Russie, où on la voit employée pour la première fois au siége de Felling, en Livonie.

La première forme des armes à feu portatives est l'arquebuse ; elle se composait d'un long tube de fer, porté par deux hommes, et que l'on appuyait, pour en faire usage, sur une fourchette fixée en terre. On la chargeait avec de la poudre et des pierres, et on y mettait le feu avec une mèche. Bayard, en 1524, fut blessé à mort par une arquebuse. C'est du nom de cette arme que l'on appelle encore arquebusier ou armurier celui qui fabrique des armes à feu portatives. On diminua successivement la longueur et le poids de cette arme, on en modifia la forme, on finit par y adapter la batterie à pierre ; mais auparavant il y eut le mousquet, arme à feu dont le canon est plus long et plus gros que celui du fusil de munition, et que l'on faisait partir à l'aide d'une mèche allumée ; le fusil part au moyen d'une pierre ou d'une capsule. Les fusils furent d'abord à rouet, parce que le feu s'y communiquait à la poudre au moyen d'une roue d'acier qui, en tournant, faisait jaillir des étincelles d'un caillou. On imagina le fusil à pierre vers 1685 ; en 1704, tous nos soldats en étaient armés. Les fusils à percussion ont été introduits dans l'armée française en 1820. — La baïonnette, sorte d'épée que l'on adapta au bout du fusil, tire son nom de Bayonne, où on la fabriqua d'abord. Ce n'est qu'en 1640 qu'on essaya de placer les baïonnettes au bout des canons des mousquets. En 1670, elles remplacèrent une partie des piques des troupes françaises. Dans les compagnies de chasseurs de Vincennes, la baïonnette a été remplacée par le sabre poignard, dont la poignée est disposée de manière à pouvoir s'adapter au canon du fusil. — L'invention du pistolet, à Pistoia, ville d'Italie dont il a pris le nom, remonte au commencement du seizième siècle ; ce n'est qu'en 1610 que le pistolet fut l'arme de la grosse cavalerie.

La poudre à canon, mélange de salpêtre, de charbon et de soufre, destinée à lancer des projectiles à une distance plus ou moins grande par l'effet de la force expansive qu'elle développe en s'enflammant, a été inventée en 1216 par le moine anglais Roger Bacon, qui montra les effets produits par l'inflammation du salpêtre mêlé avec du charbon. Plus tard, au quatorzième siècle, un autre moine allemand, Berthold Schwartz de Fribourg, paraît avoir complété la découverte de son devancier. Ayant broyé dans un mortier un mélange de salpêtre et de charbon auquel il ajouta le soufre, une étincelle tomba par hasard sur le mortier, y mit le feu et produisit une explosion par laquelle la pierre qui couvrait imparfaitement le mortier fut lancée à une grande distance. De là l'idée de tirer parti de cette découverte dans les guerres pour lancer des pierres, des morceaux de fer, à l'aide des tubes ; de là l'invention des canons et des fusils. — Bien que l'application de la poudre à canon à la guerre soit moderne, les anciens ne l'ignoraient pas entièrement. On voit que les Romains, au quatrième siècle, employaient des feux d'artifice dans leurs représentations théâtrales ; le feu grégeois, que l'on trouve chez les Grecs en 673, n'était autre chose que notre poudre à canon qu'on lançait sous forme de fusées et de boîtes d'artifice. — Les magasins à poudre demandent les plus grandes précautions. Le fer en est exclu avec soin, ainsi que toute matière capable de susciter le feu ; la moindre étincelle produirait une terrible explosion. — De nos jours on a préparé, avec du coton et de l'acide nitrique, une substance explosive qui produit les effets de la poudre. — A partir de la découverte de la poudre, l'art de la guerre fut transformé. Le hasard joue un plus grand rôle que le courage et l'adresse de chaque combattant en particulier ; les guerres aussi furent plus meurtrières. La ville de Fribourg a élevé, en 1854, une fontaine monumentale portant à son sommet la statue de Schwartz. Pourtant on ne saurait dire que l'inventeur de la poudre à canon puisse être compté parmi les bienfaiteurs de l'humanité.

CHAPITRE X.

1. — Premiers développements de l'industrie.

Les arts, parvenus aujourd'hui à une admirable perfection, n'ont pas toujours été aussi florissants; il a même
existé un temps où ils n'étaient pas connus. Le besoin
et quelquefois une sorte de hasard les ont fait découvrir.
D'abord ils furent dans un état d'enfance; mais bientôt
l'esprit inventif des hommes leur a fait faire de rapides
progrès. On voit dans la Genèse que, dès la quatrième
génération après la Création, il y avait des joueurs d'instruments et des forgerons. La construction de l'arche de
Noé nous prouve que de son temps quelques-uns des arts
mécaniques devaient être assez avancés. Il est à croire
que ses fils imitèrent le mieux qu'ils purent ce qu'ils
avaient vu avant le déluge ; car peu de temps après cet
événement, il est question d'ustensiles, d'ornements et
d'autres objets dont la fabrication exige des connaissances
variées. De tous les pays de la terre, l'Égypte fut bientôt
celui où les arts se développèrent le plus rapidement.
Les Hébreux, pendant le temps qu'ils y passèrent en cap-
tivité, furent contraints de se livrer à divers travaux qui
les initièrent à la science des Égyptiens. Ils bâtirent des

villes fortes à Pharaon, et furent employés à la construction des Pyramides. Moïse parle de divers ouvriers habiles de son temps : « C'est l'Éternel, dit-il, qui les a remplis d'industrie et d'intelligence pour faire toute sorte de travail, » nous montrant par là que l'habileté et l'adresse dans la sculpture des pierres, dans la menuiserie, dans la broderie et dans les autres professions, ne sont pas moins des dons de Dieu que le génie du poëte ou que la sagesse des penseurs.

Si l'on veut se faire une idée du développement et du progrès des arts et de l'industrie dans les divers âges de la monarchie, on fera bien de visiter le Musée des Souverains au Louvre et de s'arrêter particulièrement sur quelques objets qui, outre l'intérêt historique en général, ont aussi un intérêt particulier au point de vue de l'histoire de l'industrie. — Le fauteuil de Dagobert est le plus ancien monument de la monarchie française, il figurait auparavant à la Bibliothèque impériale. L'empereur Napoléon Ier l'avait fait transporter au camp de Boulogne, et s'était assis sur ses traverses de métal, pour distribuer à la Grande Armée les croix de la Légion d'honneur, entassées dans les casques et les armures de Bayard et de François Ier. — La couronne de Hunald est aussi un monument d'une haute valeur historique. Hunald, duc d'Aquitaine, au huitième siècle, fut le dernier représentant de la race royale des Mérovingiens. Il ne se soumit qu'après une rude guerre à Charles-Martel et à ses fils. Retiré dans un monastère, il en sortit au bout de vingt-trois ans pour combattre Charlemagne ; il souleva contre lui Didier, roi des Lombards, et mourut dans Pavie, en

774. On ne peut voir sans émotion cette couronne de fer, ornée de pointes de lance, qui semble porter encore la marque des coups d'épée de l'empereur d'Occident.

Le treizième siècle fournit au Musée des Souverains la cuve arabe, aux belles ciselures, où saint Louis fut baptisé en 1214, et le duc de Bordeaux en 1820. C'est d'ailleurs un fort beau et curieux morceau du goût arabe. On y voit l'origine de ces belles arabesques qui, vers le siècle de saint Louis, commencèrent à s'établir dans l'ornementation de la statuaire de l'Occident. — L'art et l'industrie des siècles de la renaissance sont représentés par les riches armures des rois de France depuis Louis XII jusqu'à Henri IV. On y voit un admirable bouclier de la plus riche exécution avec des ciselures, comme on essaie, mais en vain, de les reproduire de nos jours. — Pour le dix-septième siècle, le coffret d'Anne d'Autriche est un chef-d'œuvre d'orfévrerie. Il présente un merveilleux réseau d'ornements en or. C'est un présent que le cardinal de Richelieu fit à l'épouse de Louis XIII. — Le même Musée renferme une suite d'autres objets qui permettent de suivre l'industrie dans ses diverses branches. Par exemple, pour les étoffes de velours et de soie et pour la broderie d'or, il y a tous les manteaux des rois comme chefs de l'ordre de Saint-Michel, depuis Henri III, au seizième siècle, jusqu'à Charles X, dans le nôtre.

2. — Industrie orientale.

Tandis que le maréchal Pélissier, revenant après les victoires de Crimée, passait à Constantinople, le Sultan lui donnait des fêtes splendides. On a raconté à ce sujet un détail de luxe oriental qui fut déployé en son honneur, et des trésors qui se montrèrent aux regards des conviés. C'est un aperçu curieux de l'industrie orientale contemporaine : — Après la collation on fut conduit au kiosque de Bagdad. L'imagination ne saurait rien inventer de plus gracieux et de plus élégant. Il est revêtu, à l'extérieur et à l'intérieur, de plaques de faïence vernissée. Toutes les portes, les volets et les armoires sont en bois de cyprès incrusté d'écaille, d'ivoire et de nacre, formant les plus élégantes arabesques. Le plafond de la coupole est couvert de légers dessins en or sur un fond de vermillon dont le temps n'a pas altéré l'éclat. Les convives furent alors introduits dans le trésor privé des sultans. L'attention y est tout de suite attirée par le trône du sultan de Koniah, qui régnait en 1245. Ce trône était entouré de tentures brodées en perles et en émeraudes, aujourd'hui exposées dans des vitrines. Il est en argent, relevé du plus bel émail, des dessins les plus gracieux, et reproduit la forme des trônes des anciens rois de Perse, tels que les représentent les vignettes des anciens manuscrits; il est recouvert d'un tapis de brocart, et les coussins sont en velours rouge brodé de perles et de pierres précieuses.— On remarque dans l'armoire voisine le bouclier et le sabre que portait le sultan Amurat lors de sa rentrée triomphale à Constantinople, après l'expédition de Perse. Une autre armoire renferme les aigrettes que les sultans mettaient autrefois sur leurs turbans, les jours de cérémonie. Les émeraudes, les rubis et les diamants des plaques sont d'une dimension et d'un éclat qui excitent l'étonnement, et l'on peut assurer que l'on trouverait en Europe peu de joyaux qui pussent être comparés à ceux qui ont été légués par les anciens souverains de la famille des Osmans. On admira encore les coupes de Saxe, les vases de Chine, les anciennes étoffes, les masses d'armes eu métaux précieux, les carquois et les armes modernes, ainsi qu'une nombreuse collection de pendules du dix-septième siècle, présents des souverains de l'Europe.

3. — Revue des inventions.

XVIe siècle. Le cacao, rapporté du Mexique en 1550. La première tasse de chocolat fut bue en France en 1662. Maintenant il se consomme bien près de 30,000,000 de livres de cacao par an en France ; le tabac (en 1650); les montres, les épingles. — XVIIe siècle. Le thermomètre, destiné à mesurer les degrés de la température, inventé par le hollandais Corneille Dressel, en 1600 ; Toricelli invente les baromètres ; Galilée, la lunette d'approche ; et, en appliquant cet instrument à l'astronomie, on trouve le télescope. — XVIIIe siècle. Le paratonnerre, inventé par Franklin. Ce savant physicien avait reconnu la similitude de la foudre et du fluide électrique ; pour confirmer sa thèse, il imagina d'enlever, par un temps d'orage, un cerf-volant au bout duquel il avait fixé une pointe de fer, et dont la corde de chanvre, au bout de laquelle une clef était attachée, devait servir de conducteur pour tirer des nuages mêmes l'étincelle électrique, au risque pour l'intrépide observateur de payer de sa vie les suites de son expérience. Elle réussit, et les paratonnerres furent inventés. —Les automates furent imaginés par Vaucanson. Tout le monde connaît ses joueurs de flûte, et son canard mangeant et digérant ; les ballons, inventés par Montgolfier. Le dix-huitième siècle vit aussi paraître les télégraphes au moyen desquels une nouvelle pouvait être transmise en quinze minutes à cinquante lieues. Enfin une foule d'autres inventions, dont plusieurs, entrevues dans le dix-huitième siècle, ont été perfectionnées dans le dix-neuvième.

4. — Les corporations.

Voyons maintenant comment en divers âges de la monarchie, jusqu'à nos jours, l'influence de l'autorité publique s'est fait sentir utilement sur le développement de l'industrie. Pour cela, nous pouvons arrêter notre attention sur trois points : les corporations, les écoles, les expositions. — Au moyen âge, les industriels et les marchands, afin d'obtenir contre les exactions des seigneurs une protection que le gouvernement royal, alors faible, pouvait difficilement leur donner, formèrent des associations qui ont été connues depuis sous le nom de corps de marchands et communautés d'arts et métiers. Ces associations furent d'une grande utilité. Elles eurent une existence légale sous saint Louis ; avant ce prince, elles étaient déjà assez importantes ; les artisans furent classés et placés sous la surveillance des grands officiers de la couronne. Le grand bouteiller avait la juridiction des marchands de vins ; le grand panetier, celle des boulangers ; le grand maréchal de l'écurie, celle des maréchaux ferrants ; le grand chambrier, celle des merciers, des fripiers, des pelletiers. On ne pouvait exercer une profession qu'après avoir obtenu, des grands officiers de la cour, des lettres de maîtrise ; dans ce temps féodal le commerce et l'industrie étaient exposés à beaucoup de violences. L'Église intervint. Elle fit adopter la trêve de Dieu, qui défendait toute hostilité depuis le coucher du soleil le mercredi jusqu'à son lever le lundi, à cause du souvenir que l'on doit à ces jours consacrés au souvenir de la passion de N. S. Cette loi défendait pour tous les temps de dépouiller les marchands et les voyageurs, de maltraiter les habitants de la campagne, d'enlever aux laboureurs leur bétail et leurs instruments de travail, de détruire leurs plantations.

Les corporations des marchands et d'arts et métiers obtinrent des priviléges qui ne manquèrent pas de s'accroître. Les règlements de saint Louis sur les métiers de Paris furent remis en vigueur par les rois Henri III et Henri IV. Peu à peu, il fut établi des corporations dans toutes les communes qui possédaient un commerce ou des manufactures de quelque importance. Les anciennes ordonnances règlent tout ce qui a rapport à l'apprentissage des ouvriers, au compagnonnage, à la maîtrise; comment se fera le travail dans les ateliers; à quelle condition il sera permis; quelles seront les attributions des chefs des communautés, nommés d'abord rois, princes, puis jurés, gardes, prieurs, syndics. Elles déterminent le nombre des communautés, leur rang dans l'état social, la somme à payer pour être reçu dans un corps d'état, les places que les corporations occuperont dans les fêtes ou cérémonies publiques. Tout cela fut très-salutaire au commerce de ce temps; mais il y avait des abus et des restrictions gênantes. Par exemple, les ouvriers ne pouvaient travailler que dans les villes où ils avaient fait leur apprentissage. Il y avait très-peu de place pour la concurrence; les entraves étaient multipliées et il fallait dépenser beaucoup d'argent pour parvenir à être quelque chose dans la corporation.

La loi du 17 mars 1791 a aboli définitivement les communautés de marchands et d'arts et métiers. Aux ordonnances de l'ancien régime a succédé un système de police qui règle avec soin les rapports des ouvriers avec les manufacturiers et prescrit des mesures propres à prévenir le désordre. On a institué les conseils de prud'hommes, dont les membres sont élus par les industriels de chaque localité ; les chambres de commerce, qui existaient avant la révolution, mais qui ont reçu de l'accroissement ; les chambres et le comité consultatif des arts et manufactures, chargés d'entretenir l'émulation, chargés d'apprécier les découvertes que menacent les errements de l'administration les rapports, les médailles, les décorations, les brevets d'invention , et de proposer leur avis sur toutes les mesures proposées pour agrandir le domaine des arts et métiers. — On régla d'une manière plus fixe les rapports des populations et du gouvernement pour l'exploitation des produits industriels qui sont recélés dans le sol. — Ajoutez à ces institutions celles de sociétés d'encouragement de l'industrie nationale, particulièrement celle de Paris, qui rend de vrais services au progrès des fabriques. Tous les ans elle consacre à des concours des sommes considérables ; elle décerne des prix et des médailles aux inventeurs et à ceux qui perfectionnent les procédés de fabrication ; aux contre-maîtres et aux ouvriers qui se sont distingués par leur moralité, par l'intelligence et l'utilité de leur travail. Enfin, par la publication d'un bulletin mensuel, cette société propage les découvertes et fait connaître ses travaux.

5. — Les Écoles.

L'industrie a eu beaucoup à s'applaudir de l'établissement des grandes écoles, parmi lesquelles il convient de citer en première ligne le Conservatoire des arts et métiers, à Paris. Cette institution concourt au dévelopement de l'art et de l'industrie, tant par les précieuses collections dont le dépôt lui est confié que par l'enseignement spécial qu'il distribue. Il a été fondé en 1795. On y trouve des machines, outils, dessins, livres dans tous les genres d'arts et métiers. L'original de tous les instruments inventés ou perfectionnés y est déposé. On y fait toutes les expériences reconnues utiles aux arts. Des maîtres de premier rang y enseignent, par des cours publics, la géométrie descriptive, le dessin des machines, la législation industrielle, la mécanique, l'hydraulique, la physique et la chimie appliquées aux arts. Avides de s'instruire, les ouvriers se pressent à ces leçons; ils y accourent chaque soir en quittant l'atelier. Beaucoup d'ordre règne parmi ces auditeurs en blouse, entassés dans un amphithéâtre curieux qui se trouve souvent trop étroit. Tout le monde y est silencieux et attentif. — A l'exemple de Paris, Lyon, la ville manufacturière par excellence, a un Conservatoire où l'on donne un enseignement analogue à celui de Paris. La création des écoles modèles et pratiques d'arts et métiers, établies à Châlons-sur-Marne et à Angers, au commencement de ce siècle, ont été d'une grande utilité pour l'entretien et le progrès des méthodes industrielles.

Dans une région plus théorique et plus élevée sous un

rapport, est placée l'École centrale des arts et métiers.
Elle date de 1829, et a pleinement justifié la pensée de
ses fondateurs. Elle est consacrée à former des ingénieurs
civils, des directeurs d'usines, des chefs de fabriques et
de manufactures. Elle embrasse les arts mécaniques, les
arts chimiques, la métallurgie et la construction des édifices, et dirige ses élèves dans toutes les branches du tra
vail industriel. Depuis que la chimie, sortant des laboratoires, est entrée dans les usines pour y perfectionner les
procédés de fabrication ; depuis qu'on a cherché dans la
physique les moyens d'employer la chaleur et la vapeur,
qui sont devenues un si puissant moyen de production,
l'industrie a emprunté à la science ses moyens les plus
prompts, les plus sûrs, les plus économiques. L'École
centrale satisfait à ce besoin pour les études physiques et
chimiques ; elle prépare des hommes spéciaux pour la direction des travaux industriels; de même que l'École polytechnique, par l'étude des sciences mathématiques,
forme une pépinière pour les travaux publics et pour
quelques autres professions spéciales. — Quant à cette
dernière École, la première et la plus éminente de toutes,
dont le but est, en grande partie, militaire, elle ne saurait être regardée comme une école industrielle ; néanmoins beaucoup de ses élèves entrent dans les grandes
industries, particulièrement pour les chemins de fer ; et
il ne faut pas oublier que les élèves de l'École des ponts
et chaussées sont pris parmi les premiers élèves sortant
de l'École polytechnique.

6. — Expositions.

Le système d'exposer aux regards du public les produits de l'industrie a été une excellente invention pour assurer ses progrès. La première exposition de ce genre a eu lieu en 1798 au Champ de Mars. Elle ne dura que huit jours. On n'y vit pas de soieries, mais la filature de coton s'y fit remarquer avec d'autres produits d'une utilité générale. Vingt-cinq médailles furent décernées aux exposants des objets les plus estimés. Il ne parut à cette exposition que des artistes ou des manufacturiers de Paris ou de ses environs. Les autres objets de fabrication prirent part aux expositions suivantes, qui eurent lieu dans la cour du Louvre en 1801 et 1802. Dans cette dernière, on remarqua les tissus faits avec la laine des troupeaux espagnols naturalisés et ceux fabriqués avec la laine française améliorée par les mérinos. Le Lyonnais Jacquart fut couronné dans cette exposition. On y remarqua l'imitation des châles de Cachemire, dont les modèles avaient été rapportés après l'expédition d'Égypte. Ternaux répandit dans le commerce des châles faits avec de la laine des mérinos, et qu'on a appelés de son nom. A partir de 1819, il y eut des expositions tous les quatre ans dans les bâtiments du Louvre; et, depuis ce temps, les expositions n'ont cessé de montrer les progrès frappants de la France dans toutes les industries. A partir de 1834, elles ont eu lieu tous les cinq ans. A cette époque, on remarque surtout les progrès de l'industrie dans l'art d'employer la vapeur comme force motrice.

Vers le même temps, la plupart des contrées de l'Europe, emportées par le progrès nouveau, adoptent le système des expositions. En 1844, une véritable révolution se produit; la France était devenue industrielle; après 1849 on nous vit marcher à la tête des nations étrangères. Nous nous suffisions à nous-mêmes sur beaucoup d'objets, et, pour certains autres, l'étranger devint définitivement notre tributaire. En 1849 l'Algérie, admise à l'exposition, apporta une nouvelle espérance à l'avenir de notre industrie. Enfin le moment était venu où le système des expositions devait prendre tout son développement. L'Angleterre annonça une exposition universelle, à laquelle les nations seraient convoquées, et qui devait avoir lieu à Hyde-Park. Elle eut lieu en effet en 1852; l'Angleterre convoqua tous les peuples civilisés aux grandes assises de l'industrie; elle leur ouvrit un palais de cristal. Le nombre des exposants fut de 19,000 environ, sur lesquels 1760 exposants français. Le total des récompenses fut de 5248 ; l'exposition représenta une valeur d'environ 45 millions de francs. — Après l'exposition universelle, l'Angleterre eut l'idée d'établir une exposition permanente à Sydenham et de reconstruire, en l'agrandissant beaucoup, le fameux palais de cristal de l'exposition de Londres. Tout, dans ce palais, dont l'élévation était comparable à celle des vaisseaux de nos cathédrales, est construit en vitres depuis le sol jusqu'au toit, et soutenu avec des pièces de fonte ou de fer, colorées en bleu pâle et en violet clair.

Deux étages de galeries, chargées de marchandises étalées en vente, font le tour de ce palais, et à chaque extrémité de la nef centrale on a imaginé deux escaliers qui conduisent au sommet. Les diverses époques de l'antiquité sont représentées à Sydenham, disposées selon l'ordre chronologique. C'est, pour ainsi dire, la table des nations du monde entier. On visite Ninive, Babylone, l'Inde, l'Égypte, la Grèce, Rome, Pompéia. Les temps modernes n'y font pas défaut ; on y voit des échantillons de l'architecture mauresque dans les images de l'Alhambra. Tous les âges modernes comparaissent sous les regards du promeneur, surpris de traverser les monuments de l'époque byzantine ; on passe sous les portes des vastes cathédrales gothiques, et l'on se trouve parmi les élégantes constructions de la Renaissance. Alors on est transplanté dans les régions que la nature et la main des hommes a enrichies. On est dans les plaines de l'Australie ; on voit des arbres inconnus, plantés véritablement dans la terre, des plantes exotiques, des troupeaux de ces contrées lointaines. Mais tout cela est d'ornement ; les plus beaux produits de l'industrie se trouvent multipliés dans ces galeries : les étoffes, l'orfévrerie, l'ébénisterie, tout ce que le luxe envie ; et puis les grandes machines, tout ce qui atteste le mouvement de la civilisation du monde, ont ici leur place réservée. On y voit aussi les objets multipliés de l'industrie ordinaire se joindre à ces merveilles de l'art, de l'histoire et du progrès industriel dans ses plus grands produits.

7. — Exposition universelle de 1855.

La France ne devait pas rester en arrière de l'Angleterre ; elle eut aussi son palais de cristal aux Champs-Élysées, à Paris. Le 1er mai 1855, s'est ouverte l'exposition universelle de France, dans laquelle tous les objets de l'industrie européenne se sont aussi trouvés réunis. Un véritable palais avait été construit, lequel devait survivre à l'exposition universelle et servir à d'autres grandes assises de la civilisation, par exemple, aux expositions annuelles des beaux-arts. Une galerie, qui n'avait pas moins de 32,000 mètres carrés, couvrait le quai de la Conférence, depuis celui de la Concorde jusqu'à la pompe à feu de Chaillot. D'autres constructions avaient aussi été ajoutées; toutes ces annexes ont disparu avec l'exposition. Mais le palais est resté, et dans le moment où nous écrivons la foule se presse pour y voir la nouvelle exposition des beaux-arts, qui s'y étale dans des galeries d'une magnificence impériale. Ce palais est entièrement construit en pierre et en fer, et composé d'un corps de bâtiment central, flanqué de six pavillons. Une grande salle centrale, de 192 mètres de long sur 48 de large, et adossée à vingt-trois travées espacées de 8 mètres, occupe l'intérieur du palais. Il n'y a point de premier étage, mais seulement des galeries latérales, et la grande salle reçoit directement sa lumière de l'immense toiture en verre qui forme le dôme du palais à une hauteur de 34 mètres.

Au rez-de-chaussée, la France occupait tout le nord de la salle, c'est-à-dire toute la partie située à droite et à gauche de l'entrée principale, jusqu'aux limites du transsept, ce qui constituait la moitié de cette partie de l'exposition. Les autres nations occupaient toute la partie sud. La disposition du rez-de-chaussée se trouvait en partie reproduite dans les galeries qui tiennent lieu de premier étage; mais dans cette partie, comme il n'y avait pas de transsept, l'espace se trouvait considérablement réduit. L'Angleterre, à elle seule, occupait près de la moitié de la partie réservée aux étrangers au rez-de-chaussée, c'est-à-dire juste la moitié du terrain réservé à la France, qui dans la salle d'en bas partageait exactement avec les expositions étrangères le transept, c'est-à-dire la partie centrale de la grande salle. Cette partie du palais était destinée à recevoir les plus beaux objets dans les divers genres, qui étaient de nature à illustrer l'industrie des diverses nations de l'Europe ; c'était comme un champ intermédiaire, où les merveilles de l'industrie étaient appelées à se rencontrer. Là se trouvaient les objets d'art du meilleur choix, des modèles de portails gothiques pour les églises, des collections de figurines en terre cuite, des poteries de couleur en relief, à l'imitation de Bernard de Palissy, des poteries émaillées d'argent, des tissus, des candélabres, des bronzes, des trésors d'orfévrerie, des chefs-d'œuvre d'horlogerie, tout cela au milieu de riches trophées, qui attiraient une foule renaissante de curieux, tandis qu'un large bassin, orné de fleurs, répandait une atmosphère fraîche dans l'enceinte. Aux deux extrémités, deux immenses vitraux, appartenant à l'édifice, représentent, l'un la France conviant toutes les autres nations au congrès de l'industrie, l'autre la Justice distribuant des récompenses aux vainqueurs.

CONCLUSION

ET EXHORTATION FINALE.

Nous pensons que les jeunes lecteurs de ce livre auront trouvé quelque intérêt dans le tableau qui leur a été tracé de l'industrie et des efforts opérés par le génie de l'homme dans le champ des découvertes. Même aux regards de ceux qui ne sont pas appelés à prendre part à ce mouvement comme inventeurs, ce spectacle doit être grand et sembler bien digne d'admiration. Mais il ne faut pas l'oublier, si l'homme sème le champ des découvertes, c'est Dieu qui donne l'accroissement. Il ne faut pas s'enorgueillir outre mesure de tant de progrès. Les biens de la terre doivent être recherchés, sans doute, par les travaux de l'industrie; mais c'est à la condition qu'on saura les subordonner à la seule chose nécessaire. Avant tout, on doit, comme l'enseigne Notre-Seigneur, chercher Dieu et sa justice, et le reste sera donné par surcroît. L'Écriture sainte dit encore, dans un psaume : « Si Dieu lui-même ne bâtit la maison, les efforts de l'architecte seront vains. » C'est pourquoi, enfants, vous édifierez d'abord en vous le temple de la sagesse, de la vertu; et alors vous pourrez concourir à l'édifice extérieur, à ce qui améliore l'existence de l'homme dans son court passage ici-bas. Vous admirerez la nature dans ses merveilles et vous aimerez le travail qui la fertilise et

CONCLUSION.

l'agrandit en quelque sorte. Le travail est sacré ; Dieu en a fait à l'homme une loi expresse. Le Sauveur du monde, sa sainte mère et son père adoptif l'ont glorifié, en y participant eux-mêmes de leurs mains sacrées. Vous le pratiquerez à votre tour, et dès ici-bas vous en recueillerez un double fruit : le bien-être et la vertu.

FIN.

TABLE DES MATIÈRES [1].

(1) Cette table des matières, ainsi détaillée, peut encore être développée par les maîtres et servir de questionnaire pour l'usage des classes.

FIN DE LA TABLE.

Corbeil, typographie et stéréotypie de Crété.

9 782019 9700